MANFRED

LARA

MANFRED

« Il y a plus de choses, Horatio,
dans le ciel et sur la terre, que n'en
rêve votre philosophie. »

SHAKESPEARE. (*Hamlet.*)

PERSONNAGES.

MANFRED.
UN CHASSEUR DE CHAMOIS.
L'ABBÉ SAINT-MAURICE.
MANUEL , HERMANN.
ARIMANES.
LA FÉE DES ALPES.
NÉMÉSIS.
LES DESTINÉES.
ESPRITS , etc.

La scène se passe tantôt dans les Hautes-Alpes , tantôt dans le château de Manfred et tantôt dans les montagnes.

ACTE PREMIER.

Une galerie gothique. Minuit.

SCÈNE I.

MANFRED, seul.

Il faut remplir ma lampe... à quoi bon?... désormais
Sa flamme autant que moi ne veillera jamais!
Mon sommeil, si je dors, tressaille et perpétue
Une idée invincible alors... et qui me tue.
La veille est dans mon cœur! je ne ferme les yeux
Que pour voir en dedans et me connaître mieux.
Et cependant je vis!... du moins je parais vivre.
Du sage la douleur devrait être le livre;
Oui! souffrir c'est savoir. Plus on a de clarté,
Plus on baigne de pleurs l'amère vérité:
L'arbre de la raison n'est pas l'arbre de vie.
Que n'ai-je pas tenté? savoir, philosophie,
Sources du merveilleux, ah! j'ai tout embrassé,
Et mon avide esprit a tout sondé, pressé —
En vain. J'ai fait le bien, je l'ai vu sur la terre,
J'avais mes ennemis, j'ai bravé leur colère;

Combien d'eux sont tombés sous ma force abattus !
Vainement. Bien ou mal, passions et vertus,
Tout a passé sur moi comme l'eau sur le sable,
Depuis l'heure sans nom... ce cœur infranchissable,
Glacé dans l'anathême, est pour jamais fermé
Au bonheur de haïr, d'aimer ou d'être aimé ;
Il ne palpite plus d'espérance ou de crainte,
Et la nature en lui s'est à jamais éteinte. —
A l'œuvre, maintenant.
                          Agents mystérieux !
Esprits de l'univers, accourez en ces lieux !
Vous tous que j'ai cherchés dans l'ombre et la lumière,
Vous, dont la multitude environne la terre,
Vous, subtils habitants des plaines de l'Éther,
Vous, familiers des monts, des gouffres, de la mer,
Au nom du charme écrit qui me rend votre maître,
Obéissez ! debout !
                          (Pause.)
                    Ils tardent à paraître —
Eh bien donc ! par la voix du premier d'entre vous,
Par le signe sacré qui vous fait trembler tous,
Par celui qui ne peut mourir... je vous appelle,
Paraissez !
                          (Pause.)
            Rien encor ! Race esclave et rebelle,

Par ce charme puissant — irrésistible — né
Dans le sein dévorant d'un astre condamné,
D'un monde démoli, ruine encore en flamme,
Enfer errant du ciel! par les droits de mon âme
Maudite horriblement! par la pensée en moi
Et hors de moi, debout! reconnaissez ma loi!

(Une étoile se lève au fond de la galerie; elle est immo-
bile; on entend une voix qui chante ce qui suit.)

PREMIER ESPRIT.

Mortel! à ton ordre docile,
J'ai quitté mon palais mobile;
Du soleil couchant le rayon
Jette à mon léger pavillon
Et l'azur et le vermillon;
Ma maison flotte sur la nue,
Le vent du soir l'a suspendue,
Le vent du soir la fait trembler;
Je pouvais, à ta voix rebelle,
Y rester; mais vif et fidèle,
Et porté par une étincelle,
Me voici. Tu n'as qu'à parler.

DEUXIÈME ESPRIT.

Le roi des monts — c'est le Mont-Blanc.
Son trône est de rochers, sa robe de nuage,

Et de sombres forêts ont formé sur son flanc
    Une ceinture au roi sauvage.
    De ce monarque souverain
    Le diadême est fait de neige,
    Il a l'orage pour cortége,
    Et l'avalanche est dans sa main.
Je gouverne à mon gré l'avalanche tonnante;
L'ardent et froid glacier chaque jour se tourmente,
    Mais il attend !... Quand j'ai parlé
    Il éclate sur la campagne:
    Je suis l'esprit de la montagne.
    Un geste... et son pied ébranlé
    S'émeut sur sa base profonde;
    Un mot... sa tête aura tremblé!
    Que me veux-tu, fils de ce monde ?

TROISIÈME ESPRIT.

    Dans l'abîme azuré des mers,
    Où jamais le vent ne balance
    Le flot qui repose en silence,
    D'où le serpent marin s'élance,
    Où la syrène aux cheveux verts
    Se couronne de coquillages,
    Plus terrible que les orages
    Qui battent mon toit de cristal,

Dans ma demeure de coral
Pourquoi ta voix résonne-t-elle?
Je suis l'esprit des mers : qu'attends-tu de mon zèle?

QUATRIÈME ESPRIT.

En ces impénétrables lieux,
Où seul, le tremblement de terre,
Ainsi qu'un dieu sur son tonnerre,
Sommeille sur un lit de feux ;
Où sans cesse bouillonne et fume
Le lac de soufre et de bitume,
Où les Andes plongent leurs pieds
Aussi profondément qu'aux nues
Leurs vieux sommets multipliés,
Dans mes cavernes inconnues,
Mortel, ton charme m'a vaincu,
Que veux-tu?

CINQUIÈME ESPRIT.

J'ai pris les ailes de l'orage
Pour arriver plus vite à toi ;
Je l'ai laissé derrière moi,
Il brûle encor sur mon passage ;
Il brûle! malheur aux vaisseaux
Dont mon vol a rasé les voiles!
Ils s'abîmeront dans les eaux

Avant la fuite des étoiles.

J'allume, en soufflant, l'horizon;

La foudre est de toutes mes fêtes,

Je suis l'aiguillon des tempêtes,

Le cavalier de l'aquilon.

SIXIÈME ESPRIT.

Ma demeure est la nuit. J'habite un palais sombre,

Pourquoi me torturer en m'arrachant à l'ombre?

SEPTIÈME ESPRIT.

C'est moi qui gouvernais l'astre de ton destin

Avant que cette terre eût flotté dans l'espace;

Jamais astre plus beau, plus vaste et plus serein,

Sous les lois du soleil n'avait suivi sa trace.

La nuit ne comptait pas dans ses chœurs radieux

Une étoile au plus doux sourire;

Une heure suffit pour détruire

Ce qu'avaient admiré les cieux!

Adieu! c'en était fait! l'étoile transparente

Ne fut plus qu'un chaos, une menace errante,

Un épouvantement!

L'astre allait au hasard, projeté par lui-même,

Audace brillante, anathème

Difformité du firmament!

Vermisseau qui naquis sous sa noire influence,

Mortel, qu'avec dédain je sers,
Un pouvoir emprunté me courbe à ta puissance,
Mais ce même pouvoir te promet à mes fers.
Je me mêle un moment à ces esprits timides
Qui baissent le front devant toi ;
Être chétif, aux mains avides,
Parle donc, que veux-tu de moi?

LES SEPT ESPRITS.

La terre, l'océan, l'air, la nuit, les orages,
L'astre de ton destin, l'esprit des monts sauvages,
Présents à ta requête, attendent près de toi :
Qu'exiges-tu?

MANFRED.

L'oubli.

PREMIER ESPRIT.

De quoi? de qui? pourquoi?

MANFRED.

D'une pensée intime... Impuissant à la dire,
Lisez-la dans mon cœur, vous qui pouvez la lire.

L'ESPRIT.

Nous ne pouvons donner que ce que nous avons;
Nous mettons à tes pieds les trésors de nos dons,
Le sceptre d'un empire ou l'empire du monde,
Celui du feu, de l'air, de la terre ou de l'onde.

MANFRED.

L'oubli ! l'oubli de moi ! L'objet de mon désir
Dans vos états secrets ne se peut-il saisir ?
De ces trésors offerts avec magnificence,
Je veux l'oubli.

L'ESPRIT.

     Ce don n'est pas de notre essence.
Mais tu pourrais mourir.

MANFRED.

     Oublîrais-je en mourant ?

L'ESPRIT.

Nous ignorons l'oubli ; l'homme seul le comprend.
Futur, présent, passé, cette triple mesure
N'existe pas pour nous ; éternels par nature
Nous sommes immortels ; et, placés hors du temps,
Nous n'avons pas l'oubli, n'ayant pas eu d'instants.

MANFRED.

Esclaves, vous raillez ! et vous-mêmes peut-être
Oubliez quel pouvoir m'a rendu votre maître !
Ne vous essayez pas contre ma volonté,
Je saurais refréner votre témérité.
L'esprit qui vit en moi, ce feu de Prométhée
Brillant comme le vôtre, a la même portée ;
Il ne cédera point ! et quoique prisonnier,

Tout enchaîné qu'il soit, pourra vous châtier.
Répondez donc : mourir, est-ce l'oubli suprême ?

L'ESPRIT.

Nous t'avons répondu ; tu te réponds toi-même.

MANFRED.

Comment ? expliquez-vous.

L'ESPRIT.

N'as-tu pas affirmé
Que de nos éléments ton esprit est formé ?
Dès-lors tu dois savoir que cet état qu'on nomme
Le trépas, se dérobe à nos regards.

MANFRED.

En somme,
Je vous ai vainement appelés ici-bas ;
Vous ne pouvez m'aider ou ne le voulez pas.

L'ESPRIT.

Daigne dans nos trésors puiser avec largesse :
Réfléchis ; nous t'offrons pouvoir, force, richesse,
Des peuples à régir, la gloire, les longs jours.

MANFRED.

Maudits ! qu'en ai-je à faire ? eh quoi ! vivre toujours !
J'ai trop vécu ! fuyez.

L'ESPRIT.

Empressés à te plaire,

1.

Ne possédons-nous rien qui puisse satisfaire

Un seul de tes désirs ? Dans nos trésors divers,

Ah! sans doute il en est dignes de t'être offerts !

MANFRED.

Non ! non ! mais demeurez. Quand votre voix m'arrive,

Comme un chant sur les eaux, elle est douce et plaintive;

Un astre large et clair se lève seulement.

Qu'un de vous, sous sa forme, apparaisse un moment.

L'ESPRIT.

Ames des éléments, leurs formes sont les nôtres ;

A te dire le vrai, nous n'en avons pas d'autres.

Mais, choisis, nous prendrons les traits que tu voudras.

MANFRED.

Choisir! rien n'est pour moi beau ni laid ici-bas.

Qu'un de vous, le plus grand, choisisse et m'apparaisse.

LE SEPTIÈME ESPRIT apparaissant sous la forme
d'une belle femme.

Regarde !

MANFRED.

Si tu n'es une trompeuse ivresse,

Un fantôme moqueur dont je sois abusé,

Heureuse... et dans mes bras, je... Mon cœur est brisé!

(La figure s'évanouit. Manfred tombe.)
(Une voix chante le chant magique suivant.)

Quand la lune est sur les eaux,

Le météore au cimetière,

Le feu follet dans les roseaux,
Le ver luisant sur la bruyère ;
Quand l'étoile file et s'éteint ;
Quand le hibou hue et se plaint ;
Quand la feuille, en silence, incline
Son ombrage sur la colline,
Par un signe, un pouvoir vainqueur,
Mon cœur pèsera sur ton cœur !

Ton esprit, si ton corps sommeille,
S'agite et saigne ; il faut qu'il veille !
Il est des remords éternels ;
Il est des spectres immortels.
Un pouvoir que toi-même ignore
Te défend d'être seul encore ;
Un nuage te couvrira,
Un linceul t'enveloppera ;
Et sous ce charme qui t'oppresse,
Ton âme se tordra sans cesse.

Bien qu'invisible désormais,
Sans me voir, tu me reconnais ;
Toujours ou présente ou passée
Mon image est dans ta pensée ;
Et quand, plein d'un secret effroi,

Tu me chercheras près de toi,
A tes côtés, comme ton ombre,
Tu te verras seul!... et plus sombre,
Avec quel soin tu cacheras
Le pouvoir que tu subiras !

Un mot magique, un vers suprême,
T'ont baptisé d'un anathème ;
Un esprit des airs t'a trompé,
Dans ses filets enveloppé ;
Il est dans le vent qui soupire
Un cri qui glace ton sourire ;
Jamais tu n'auras de la nuit
Le calme divin qui la suit ;
Tu diras le jour : « Qu'il périsse,
Ce soleil qui fait mon supplice! »

J'ai retiré de tes faux pleurs
Des poisons prompts et destructeurs,
Distillé de ton cœur infâme
Un sang noir, moins noir que ton âme ;
J'ai, de ton sourire, arraché
Le serpent qu'il tenait caché ;
J'ai pris à ta lèvre infidèle
Sa force magique et mortelle ;

Et dans l'épreuve du venin
J'ai trouvé le tien plus certain.

Par l'embûche où tu te retires,
Par le serpent de tes sourires,
Par ton sein froid, ton œil trompeur,
Par les mensonges de ton cœur,
Par ton talent pour l'imposture,
Qui fit croire que la nature
Pouvait palpiter dans ton sein,
Par ce qui t'unit à Caïn,
Par ton impitoyable joie,
Sois ton enfer! et sois ta•proie!

Ce philtre te voue à ton sort,
C'en est fait! ni sommeil, ni mort.
La mort! par tes vœux poursuivie,
Sera ta peur et ton envie.
Ton châtiment est commencé,
Le philtre à ton front est versé:
Déjà le charme t'environne,
Sans bruit sa chaîne t'emprisonne;
Sur ta tête et ton cœur surpris
La parole a passé... flétris.

SCÈNE II.

L'Iungfrau. Au matin.

MANFRED, seul sur le penchant des rochers.

Les esprits m'ont quitté ; mon art m'est inutile,
Et la douleur sur moi veille seule, immobile.
J'ai cherché le remède, il m'a brûlé le sein.
J'évoquai les esprits, mais leur secours est vain.
Le passé leur échappe, et je suis sa victime.
Oui ! tant que ce passé, sortant de son abîme,
Dressera devant moi son spectre ensanglanté,
L'avenir pour mon cœur est sans fécondité.
L'avenir ! que m'importe. O vous, terre, ma mère !
Gigantesques sommets ! aurore de lumière,
Vaste horizon sur qui le jour va s'enflammer,
Pourquoi tant de beautés ? je ne puis vous aimer !
Toi qui t'ouvres sur tous, œil glorieux du monde,
Délices de la terre, à tes rayons féconde,
Seul, je n'ai pas senti ta céleste chaleur,
Et jamais ton regard ne brilla sur mon cœur.
Vous, rochers, dont mon pied foule la cime aiguë,
D'où j'ai l'immensité pour limite à ma vue,

D'où j'entends et je vois les torrents furieux,
De vos flancs échappés, se dérouler sur eux,
Et d'où, dans le lointain, les pins les plus superbes,
Sous l'espace effacés, semblent des touffes d'herbes ;
Lorsqu'un bond, lorsqu'un souffle, en vos lits de granit,
Où le repos commence, où mon passé finit,
Me précipiteraient... sur cette tombe prête,
Au but de mes désirs, d'où vient que je m'arrête?...
Je sens l'impulsion, et je ne puis rouler ;
J'aperçois le péril, et ne peux reculer ;
Mon front est chancelant, mon pied inébranlable—
Ah ! je te reconnais, pouvoir inévitable
Qui me fait de la vie une fatale loi !...
Si vivre c'est porter un cœur stérile en soi,
Foyer sombre où la glace a remplacé la flamme,
Si vivre est devenir le tombeau de son âme !
Car je ne cherche point à me justifier ;
Devant mes actions je ne saurais plier,
Criminel, s'excuser.... c'est avilir son crime !

(Un aigle passe.)

Oh ! prince ailé des airs! planant d'un vol sublime
Dans l'empire inconnu des profondeurs des cieux,
Que ta serre m'enlève à ces funestes lieux !
L'aiglon impatient t'appelle dans ton aire,

Va le nourrir d'un être inutile à la terre !
Mais tu fuis, et déjà mes regards affaiblis
T'ont perdu dans l'espace où tu t'ensevelis ;
Et toi, fier et puissant, ton regard plein d'audace
Contemple le soleil et mesure l'espace.
Ah ! ce monde visible, en lui-même et ses lois,
Comme il est beau ! mais nous, qui nous nommons ses rois,
Moitié dieux, moitié boue, à descendre indociles,
Impuissants à monter, créatures mobiles,
Notre nature mixte et d'éléments divers,
Trouble, de ses combats, la paix de l'univers.
Mélange monstrueux de force et de faiblesse ,
Respirant à la fois l'orgueil et la bassesse ;
Pressés de vils besoins, de désirs effrénés,
A rester indécis nous sommes condamnés !
A lui-même opposé, l'homme étonné balance,
Jusqu'à ce qu'arrêtant sa flottante existence ,
La mort, dans le tombeau, ne la fasse échouer,
Et qu'il devienne alors... ce qu'il n'ose avouer !

          (On entend au loin une flûte de berger.)

Écoutez ! c'est le son du chalumeau sauvage :
Ces monts gardent encor les mœurs du premier âge ;
L'air de la liberté redit en longs échos
Les notes des pasteurs, les cloches des troupeaux.

Mystérieux accents de la flûte champêtre,

Ah ! que ne puis-je, en vous, retremper tout mon être !

Que ne suis-je plutôt ces accords indécis

Qui se perdent au loin toujours plus adoucis ;

Un souffle harmonieux, une musique errante,

L'âme des voluptés, dans le ciel murmurante :

D'une intonation, mélodieux soupir,

Que ne puis-je avec elle, et naître et m'assoupir !

(Entre un chasseur de chamois.)

LE CHASSEUR.

C'est jouer de malheur !... le chamois intrépide

A franchi ces rochers dans sa course rapide.

A peine mon profit en ce jour équivaut

Aux terribles dangers... Qu'aperçois-je là haut ?

Un des nôtres ? mais non ! Quel mortel, quelle audace

A gravi ces sommets défendus par la glace ;

Eux que les montagnards n'osent escalader,

Que nos meilleurs chasseurs pourraient seuls aborder.

Son vêtement est riche, et son visage mâle,

Une noble fierté brille sur son front pâle ;

Plus pauvre, il semblerait un libre montagnard.

Quel est cet homme ? Allons, approchons au hasard.

MANFRED.

Être un tronc desséché, maudit dans sa racine,

Avoir pour sentiment celui de sa ruine ;
Blanchi par la douleur, plein d'un dégoût amer,
Ressembler à ces pins, débris d'un seul hiver ,
Et qui n'ont déjà plus d'écorce et de feuillage.
Être ainsi pour toujours! quel horrible partage !...
Avec le souvenir de jours autres... meilleurs!
Voir l'heure se changer en siècles de douleurs ,
Et survivre à cela !... Rochers, monceaux de glace,
Avalanche tonnante, et qu'un souffle déplace ,
Tombez, et brisez-moi !... Sur ma tête, à mes pieds,
La mort roule avec vous, eh bien! vous m'oubliez !..
Vous passez, emportant cette mort que j'envie,
Pour frapper seulement ceux qui veulent la vie,
La forêt verdoyante et pleine de vigueur,
Ou le rustique toit de l'innocent pasteur.

LE CHASSEUR.

Du vallon au glacier le brouillard va s'étendre ;
Il en est temps, courons l'avertir de descendre :
Il s'égare, il se perd par le moindre retard.

MANFRED.

Déjà vers le glacier bouillonne le brouillard ;
Au-dessous de mes pieds, des nuages rapides
Montent en tournoyant sulfureux et livides ;
Leurs flocons écumeux envahissent les airs :

Ainsi roulent les flots des infernales mers,
Quand ils viennent briser sur le bord effroyable,
Bord vivant de damnés, semés comme du sable.
Le vertige me prend.

LE CHASSEUR.

Approchons prudemment,
Un pas subit serait fatal en ce moment.
Il chancelle déjà.

MANFRED.

Des montagnes rompues
S'écroulèrent, laissant un vide dans les nues ;
Le tonnerre effrayant du colosse en débris
Grondait dans les échos de ses frères surpris ;
Le sol au loin tremblait, les fertiles vallées,
Sous les glaciers, les rocs, disparaissaient comblées ;
Le choc d'un tel géant précipité des cieux
Faisait jaillir les eaux des fleuves furieux,
Les dispersait au loin en milliers d'étincelles,
Ou contraignait leur source à des routes nouvelles.
Ainsi tomba jadis le vieux mont Rosenberg —
Que n'étais-je dessous!

LE CHASSEUR.

Il se perd! il se perd!...
Ami! gare! un seul pas vous jette dans l'abîme.

Au nom du Créateur, fuyez de cette cime!

LE CHASSEUR, sans l'entendre.

C'eût été pour Manfred un sépulcre assez beau;
Un sommeil éternel dans un pareil tombeau!
Quelle revanche! alors l'aquilon sacrilége
N'eût pas roulé mes os dispersés sur la neige;
Ils vont l'être aujourd'hui. Firmament vaste et pur!
Ce n'était pas pour moi que brillait ton azur,
Ainsi, pas de reproche à mon heure dernière.
Et toi qui la formas, terre, prends ta poussière.

(Comme Manfred va pour se précipiter, le chasseur le saisit
      tout-à-coup.)

LE CHASSEUR.

Arrête! malheureux! et si tu veux mourir
Respecte au moins ces lieux, et ne viens pas flétrir
De ton coupable sang notre pure vallée.

MANFRED.

Je suis faible... malade... et ma vue est troublée...
Ne serre pas si fort; les sommets confondus
Semblent tourbillonner à mes yeux éperdus...
Ton nom?

LE CHASSEUR.

Tu le sauras... pas ici... Cette cime,
Fuyons-la... le brouillard s'épaissit sur l'abîme!

Allons... je te soutiens... ton pied dans ce ravin...
Prends ce bâton... saisis cet arbuste... ta main...
Garde-toi maintenant de quitter ma ceinture...
Dans une heure au châlet, et bientôt route sûre ;
Un torrent la creusa... Bien sauté... sur ma foi,
Tu serais bon chasseur !... du courage... suis-moi.

(Comme ils descendent les rochers la scène se termine.)

ACTE II.

Un châlet dans les Alpes de Berne.

SCÈNE I.

MANFRED, LE CHASSEUR DE CHAMOIS.

LE CHASSEUR.

Non! non! restez encor! plus tard vous partirez:
Votre esprit est troublé— vos nerfs mal assurés.
Lorsque je vous verrai plus fort et plus tranquille,
Je vous reconduirai... mais où?

MANFRED.

                   Soin inutile.
Je suis fort, et sans toi trouverai mon chemin.

LE CHASSEUR.

Votre habit, votre port sont ceux d'un suzerain,
D'un de ces nombreux chefs dont les tours crénelées
Dressent leur tête altière au-dessus des vallées ;
Moi, du château des grands je connais le rempart,
Rarement leurs foyers ont vu le montagnard,
Car parmi les vassaux, dans ces vieilles demeures,
A peine, coupe en main, j'ai passé quelques heures,

Mais depuis mon enfance, il n'est pas un sentier
Qui pour y parvenir ne me soit familier :
La vôtre?...

MANFRED.

Importe peu.

LE CHASSEUR.

Ma question vous blesse?
Pardonnez. Eh! seigneur, chassez cette tristesse.
Veuillez goûter mon vin, c'est mon meilleur ami;
Il est vieux, vigoureux, son feu m'a raffermi,
M'a dégelé le sang, lorsque mon pied tenace
Poursuivait le chamois sur ces vagues de glace;
Puisse-t-il vous guérir! Buvons à vous d'abord.

MANFRED.

Arrière! cette coupe a du sang sur le bord!
Quoi! tu ne l'as point bu, terre, terre barbare :
Quoi! tu ne l'as point bu?

LE CHASSEUR.

Votre raison s'égare.

MANFRED.

C'est du sang! c'est mon sang! celui de mes aïeux!
Le sang qui jeune et pur nous animait tous deux,
Dans ces jours enivrants où nous n'avions qu'une âme,
Lorsque nous nous aimions d'une coupable flamme !

Ce sang fut répandu! mais aux cieux remonté
Il en rougit l'azur, et pour l'éternité
Il me ferme ce ciel où tu ne peux pas être!

LE CHASSEUR.

Homme étrange, insensé, trop coupable peut-être !
Des spectres du remords tu peuples les déserts :
Grandes sont tes terreurs et tes maux bien amers ;
Mais le repentir peut calmer ta conscience :
A l'aide d'hommes saints et de la patience.

MANFRED.

Patience ! toujours ce vieux mot répété !
Prêche la patience à l'animal dompté,
Qui traîne la charrue ou sous la charge ploie :
On ne la comprend pas chez les oiseaux de proie.
Dis, suis-je de ta race ?

LE CHASSEUR.

Oh non ! grâce au ciel !
Je ne changerais pas, pour la flèche de Tell,
Mon sort contre le tien. Mais, mortel indocile,
Quel que soit ton fardeau, la lutte est inutile :
Tu te lasses en vain à vouloir l'écarter ;
Chargé de son destin chacun doit le porter...

MANFRED.

Regarde-moi! je vis.

LE CHASSEUR.

Non ! ce n'est pas la vie,
C'est la convulsion d'une longue agonie.

MANFRED.

Homme, je te le dis, j'ai déjà mesuré
Bien des jours, bien des ans, mais qu'est-ce comparé
A ceux qu'il me faudra compter ! âge sur âge,
Espace, éternité — sentiment ! — soif sauvage,
Vaine soif de la mort !

LE CHASSEUR.

A peine sillonné,
Ton front porte trente ans ; va, je suis ton aîné.

MANFRED.

Crois-tu que c'est du temps que date l'existence ?
Les actions font l'âge, et le mien est immense.
Ma vie est un réseau d'affreux jours infinis,
Par d'invisibles nœuds leurs instants sont unis ;
Tous ils sont éternels, égaux, infranchissables,
Arides et maudits comme une mer de sables ;
Que suis-je ? un grand désert infécond et glacé,
Par de terribles flots longtemps bouleversé,
Mais où l'œil désormais n'aperçoit que des pierres,
Des squelettes hideux et des algues amères.

LE CHASSEUR.

Hélas! cet homme est fou ! demeurons près de lui.

MANFRED.

Fou, dis-tu? Plût au ciel que ma raison eût fui !
Les choses que je vois, réalités horribles,
Seraient d'un insensé les visions terribles !
Non, je ne suis pas fou!

LE CHASSEUR.

Que vois-tu donc?

MANFRED.

Nous deux.

Toi, libre montagnard, fier, honnête, pieux;
Sur ton cœur innocent greffant ta propre estime,
Saluant le soleil dès qu'il dore la cime,
Dormant la nuit! le jour au milieu des rochers,
Cœur pur et front serein, bravant mille dangers;
Heureux, et t'approchant, par une pente douce,
D'une tombe tranquille, où sur la verte mousse,
Une croix et des fleurs souriant à l'entour,
De tes petits enfants témoigneront l'amour.
Et moi! Qu'importe, moi... mon âme est condamnée.

LE CHASSEUR.

Et tu ne voudrais pas changer de destinée?

MANFRED.

Avec toi! Non, ami, je ne veux pas ta mort;
Pour porter ce fardeau, seul je suis assez fort:
D'aucun être vivant qu'il ne soit le partage;
Je le traîne, il est vrai, mais c'est avec courage,
Il ne m'a pas vaincu! Tout autre, épouvanté,
Mourrait des visions de ma réalité.

LE CHASSEUR.

Tant d'amour du prochain, et tu serais coupable?...
Peut-être as-tu dans l'ombre égorgé ton semblable:
Un ennemi, sans doute?...

MANFRED.

                    Un ennemi! Jamais.—
Non! je ne fus cruel qu'à tous ceux que j'aimais
Et... qui m'aimaient le mieux. Ma loyale vengeance
N'a frappé l'ennemi qu'en ma propre défense,
Mais mon embrassement fut quelquefois fatal.

LE CHASSEUR.

Que Dieu daigne apporter un remède à ton mal!
Puisse le repentir, comme un second baptême,
Te donner l'innocence et te rendre à toi-même!
Ah! je prîrai pour toi, le ciel en soit témoin.

MANFRED.

J'endure ta pitié sans en avoir besoin.

Merci, chasseur. Allons, je pars. Adieu ! c'est l'heure.
Prends cet or, il t'est dû. Prends, te dis-je, et demeure.
Le danger maintenant n'est plus devant mes pas,
Je connais mon chemin : homme, ne me suis pas.

(Sort Manfred.)

SCÈNE II.

Une basse vallée dans les Alpes. Cataracte.

Entre MANFRED.

Pas encore midi. Sur le torrent sonore
L'arc-en-ciel varié tremble et se courbe encore ;
La colonne des eaux, en linceul argenté,
Sur le roc vertical roule avec majesté,
Et darde au loin ses flots d'écumante lumière ;
Telle, en l'Apocalypse, au-dessus de la terre,
Fantôme de la mort ! de ton pâle coursier
La queue aux crins mouvants devait se déployer ;
Je suis seul avec toi, nature enchanteresse !
Près de moi, de ces lieux appelons la déesse :
Oui, je veux avec elle, en ce jour de repos,
Partager un moment l'hommage de ces eaux.

(Manfred prend de l'eau dans le creux de sa main, la jette
en l'air, murmurant l'adjuration. Un moment après
paraît la Fée des Alpes, sous la voûte de l'arc-en-ciel
du torrent.)

MANFRED.

Esprit charmant, salut! Tes formes gracieuses,
Tes cheveux déroulés en ondes radieuses,
Tes yeux éblouissants de gloire et de clarté,
En la purifiant rappellent la beauté,
Les contours indécis de quelques filles d'Ève,
Frêles réalités qui semblent presqu'un rêve.
Ton essence est plus pure et d'éléments meilleurs;
La jeunesse au printemps rit sur ta joue en fleurs,
Fraîche comme le teint d'un enfant qui repose
Sur le cœur de sa mère, ou ces teintes de rose,
Poussière de rayons que jette un soir d'été
Sur le sein virginal du glacier argenté,
Quand Cybèle, en secret par le ciel embrassée,
Se voile en rougissant comme une fiancée.
Oui! devant ta beauté cet arc même est obscur!
L'immortalité luit, calme, sur ce front pur
Où je lis mon pardon. Pardonne-moi, génie,
De t'avoir appelé de ta sphère infinie;
Mon pouvoir aux esprits m'a rendu familier,
Pardonne! en t'évoquant j'ai voulu m'oublier.

LA FÉE.

Je connais ce pouvoir, fils d'argile, et toi-même,
Esprit vaste et fécond, en toute chose, extrême;

2.

Dans le mal sans rivaux, dans le bien sans égal,
Patient du destin, et toi-même fatal.
Parle, que me veux-tu?

MANFRED.

T'admirer dans ta gloire;
D'une terre maudite effacer la mémoire,
En éviter l'aspect qui me rend insensé.
Que de fois aux esprits je me suis adressé,
Croyant à leur pouvoir! Mais longtemps demandée,
Une faveur par eux n'a pu m'être accordée.

LA FÉE.

Les esprits, impuissants aux désirs d'un mortel?...
Quoi! ne tiennent-ils pas le sceptre universel,
Ne gouvernent-ils point la durée et l'espace?
Que leur demandais-tu, fils d'argile?

MANFRED.

Une grâce.
A quoi bon la nommer? Je t'instruirais en vain.

LA FÉE.

Laisse donc ce secret s'échapper de ton sein.

MANFRED.

Allons! c'est raviver le mal qui me dévore,
Ma douleur parlera. Jeune, bien jeune encore,
Mon esprit inquiet, superbe, effarouché,

De l'amas des humains demeura détaché
Du regard des mortels je ne vis point la terre :
Leur but était commun et le mien solitaire,
Je n'avais que le corps des êtres d'ici-bas ;
La même ambition ne nous excitait pas.
Seul au fond de ma joie et seul dans ma souffrance,
Appuyé sur moi seul dans cette foule immense,
Étranger dédaigneux, je me tins à l'écart ;
Sans amour pour aucun... excepté... mais plus tard.
J'ai dit que je vivais seul avec mes pensées ;
J'aimais à respirer l'air des cimes glacées,
A ramper sur les flancs de l'aride granit
Où l'aigle audacieux n'osait percher son nid ;
A me jeter du haut de la roche qui fume,
Au milieu d'un torrent qui me couvrait d'écume,
A rouler dans les flots du fleuve soulevé,
Ou sur le sein grondant de l'Océan bravé ;
Comme elle m'enivrait, cette lutte sauvage,
Où je sentais grandir ma force et mon courage !
Plein d'un vague désir, tantôt plus indolent,
J'admirais de la nuit le chœur étincelant,
Et de l'éclair tantôt je suivais la lumière,
Jusqu'à ce que sa flamme éblouît ma paupière,
Ou souvent j'écoutais, sous le souffle du soir,

Les feuilles de l'automne autour de moi pleuvoir.

La nature, au désert, était toute ma joie;

Et si je rencontrais des mortels sur ma voie,

D'être né leur semblable, humilié, honteux,

Je me retrouvais homme et poussière comme eux.

Par mes rêves poussé, j'osais un jour descendre

Dans le caveau des morts, interroger leur cendre;

Je surpris, dans son sein, le secret du trépas :

Et mon esprit bientôt tira de cet amas

De crânes, d'os flétris et de poudre insensible,

Une conclusion criminelle et terrible.

Alors plus de repos, nuit et jour absorbé,

Chaque année au travail me retrouvait courbé;

J'étudiais cet art, ces sciences cachées,

Qu'on dédaigne aujourd'hui, jadis si recherchées.

A force de fatigue, et d'épreuve et d'efforts,

J'en pus saisir la clef, et je devins dès lors

Le maître des esprits de la terre et des ondes,

Je compris l'infini de même que ses mondes;

Leurs guides à mon ordre apparurent vaincus.

Ainsi dans Gadara, l'antique Iamblicus

Fit sortir, aux accents de sa voix souveraine,

Les esprits Antéros, Éros, de leur fontaine.

Le fruit de la science irrita mon désir,

Jusqu'en ses profondeurs, tenté de la saisir,
Orgueilleux de mon art, de mon intelligence,
J'étais heureux, jusqu'à...

LA FÉE.

Poursuis sans réticence.

MANFRED.

Ah! si j'hésite ainsi, c'est que près de toucher
Aux racines du mal, je n'ose en approcher.
Mais à ma tâche. Esprit! ces objets de tendresse,
Chaînes du cœur humain, amis, mère, maîtresse,
Si je ne t'en ai pas encore entretenu,
C'est que le sentiment m'en était inconnu.
Lié par la nature à ce troupeau d'esclaves,
Au dehors seulement je portais des entraves;
Libre d'affections, mon cœur était à moi.
Un être cependant...

LA FÉE.

Sois sans pitié pour toi.

MANFRED.

Elle avait, disait-on, mes yeux, ma chevelure,
Jusqu'au son de ma voix... Seulement la nature
En avait adouci pour elle, l'âpreté,
Dans un mélange heureux de grâce et de beauté.
Comme le mien, son rêve aimait la solitude,

Elle se complaisait comme moi dans l'étude,
Sur les mêmes secrets nos yeux s'étaient ouverts,
Et son esprit aurait embrassé l'univers !
Cœur fort comme le mien, mais avec plus de charmes,
Elle s'embellissait de sourire et de larmes ;
Auteur de ses défauts, je n'avais de moitié
Ni son humilité, ni sa douce pitié,
Ni l'amour... Oui, l'amour, je le sentais pour elle !
Elle était ma compagne, elle était noble et belle ;
J'aimais !— Je la tuai....

LA FÉE.

Quoi ! de ta propre main ?

MANFRED.

Non, du cœur seulement, de mon cœur inhumain,
Du regard de mon cœur ! j'ai rougi mon épée,
Mais jamais de son sang elle ne fut trempée...
Pourtant il fut versé, ce sang ! Où me cacher ?...
Oui ! je l'ai vu jaillir et n'ai pu l'étancher.

LA FÉE.

Eh bien ! pour cela seul ! pour un être débile,
Un misérable enfant d'une race d'argile ;
C'est toi, dont le savoir enflammé par l'orgueil,
De l'horizon de l'homme osa franchir le seuil,
Et tenter des esprits la sphère immense et pure ;

Qui traînes jusqu'ici les fers de ta nature.
Adieu !

MANFRED.

Fille des airs , ah! depuis ce moment...
Mais que peuvent des mots pour peindre mon tourment?
Suis-moi! Viens contempler ma vie heure par heure,
Goutte à goutte saigner ma plaie intérieure,
Viens! reste à mes côtés! Dans mes veilles, mes nuits,
Ose me regarder, tu sauras qui je suis!
Toujours sombre, fiévreux comme l'inquiétude,
De visibles enfers peuplant ma solitude,
Le soir grinçant des dents jusqu'à l'aube du jour,
Maudissant jusqu'au soir le soleil à son tour.
J'implorais la folie, et le sort inflexible
Donnait à ma raison un éclat plus terrible;
Je défiais la mort.... La mort, avec effroi,
Impitoyablement reculait devant moi!
Je courais l'affronter jusque dans la tempête;
Un bouclier fatal semblait couvrir ma tête,
Et sur le précipice un invisible Dieu
M'arrêtait... suspendu par un simple cheveu!
Paria du réel, j'ai cherché d'autres mondes,
L'imagination et ses sources profondes,
J'ai fui de rêve en rêve, et brûlant créateur,

J'ai de ma fantaisie épuisé la splendeur;
Chaque élan, chaque effort de mon âme oppressée
Me rejetait au fond de la même pensée !
La terre, dans son sein, a-t-elle un seul repli
Qui ne me soit connu? Pas d'oubli! pas d'oubli!
Savoir surnaturel..... art, étude, mensonge!
Pas un d'eux n'a détruit le passé qui me ronge!
Et je vis! et j'habite au fond du désespoir,
Et je vis pour toujours!...

LA FÉE.

                    Peut-être mon pouvoir
Viendra-t-il à ton aide.

MANFRED.

                    Alors ouvre la tombe,
Ressuscite les morts ou fais que je succombe ;
Donne-moi le trépas, n'importe où ni comment :
S'il m'apporte la mort j'accepte le tourment.

LA FÉE.

Je ne saurais ôter ni donner l'existence;
Mais si tu me jurais aveugle obéissance,
Tes vœux et tes désirs, je les accomplirais.

MANFRED.

Je ne veux pas jurer. Qui! moi, j'obéirais!
A qui donc? Aux esprits que je commande en maître;

Que d'un geste, à mes yeux, je contrains d'apparaître !
Votre esclave ! Jamais.

LA FÉE.

Réfléchis cependant,
Rétracte à temps encore un refus imprudent.
Ton dernier mot ?

MANFRED.

J'ai dit. Adieu.

LA FÉE.

Je me retire.

(La fée disparaît.)

MANFRED, seul.

Pour vieillir et trembler ainsi l'homme respire !
Chaque jour en secret le dépouille ; son sort
Est de haïr la vie et de craindre la mort.
Porter ce poids vital sur le cœur sans relâche,
Esclaves condamnés voilà donc notre tâche : —
Affaissés de chagrins, trahis par les plaisirs,
Frappés d'épuisement au sein de nos désirs,
Combien (car le présent pour nous est illusoire),
Combien dis-je, de jours, au fond de la mémoire,
Ou dans notre espérance, oserons-nous compter
Où le cœur pour la mort ne doive palpiter ?
La mort ! à son aspect notre lâche pensée

3

Recule... Et qu'est-ce donc ? Un contact d'eau glacée,

Un frisson, rien de plus. Il me reste un espoir :

De réveiller les morts mon art a le pouvoir,

Ils me découvriront le mystère suprême,

Et s'ils me répondaient : «La mort n'est qu'elle-même ;

» Il n'est point d'autre vie au-delà du trépas. »

S'il en était ainsi, je n'hésiterais pas ;

Car mourir ce n'est rien. Si la tombe est muette ?

La sorcière d'Endor, évoquant le prophète,

Contraignit son fantôme à paraître à sa voix,

Et le prince de Sparte entendit à la fois,

Spectre pâle et sanglant, la vierge de Byzance

Lui répondre et vouer ses jours à la souffrance.

De celle qu'il aimait meurtrier innocent,

Il mourut sans pardon, condamné par le sang ;

Invoquant Jupiter, en vain dans Phigalie

Il se servit de l'art des sorciers d'Arcadie ;

En vain il implora le spectre à deux genoux

Pour qu'il daignât fixer un terme à son courroux ;

La réponse parut obscure au roi coupable,

L'avenir en montra le sens inexorable !

Si je n'eus point vécu, ce que j'aime, vivrait !

Si je n'eus point aimé, ce que j'aime, verrait

Des jours tout rayonnants de bonheur, d'innocence !

Qu'est-elle, maintenant, elle ?... Un être en souffrance
Pour mes péchés ! Un être auquel, épouvanté,
Mon esprit sans frémir ne s'est point arrêté...
Rien, peut-être ! Eh bien ! donc, sachons-le ; je frissonne
De ce qu'il a voulu, mon propre cœur s'étonne !
Oui, peu d'heures encor, tout sera dit pour moi :
Du bien, du mal j'ai vu les esprits sans effroi,
Et mon sang aujourd'hui se glace dans mes veines.
Arrière ! taisez-vous, émotions humaines !
Ce que je hais le plus je puis l'exécuter,
Et la peur de mon but ne saurait m'écarter.
La nuit vient.

SCÈNE III.

La cime de l'Yungfrau.

Entre LA PREMIÈRE DESTINÉE.

Dans les cieux, large, ronde, brillante,
La lune a coloré la neige étincelante
Que le pied d'un mortel ne profana jamais.
Nous seules, chaque nuit, parcourons ces sommets,
Et de nos pas légers n'y laissons point l'image ;
La montagne est à nous : c'est une mer sauvage,
Un océan de flots l'un sur l'autre entassés,

Surpris dans leur écume et tout-à-coup glacés,
Liquide tourbillon saisi par le silence ;
Et ce pic déchiré qui vers les cieux s'élance
Fantastique, où se plaît le nuage agité,
Qu'un tremblement de terre en l'abîme a sculpté,
C'est notre rendez-vous de conseil et de fête.
J'attends ici mes sœurs... Si tard, qui les arrête ?
Ont-elles oublié que ce soir, au palais,
Pour sa fête, Arimane appelle ses sujets ?

UNE VOIX dans le lointain.

Du haut de son trône arraché,
Sous sa chaîne de sang rougie,
L'usurpateur était couché
Solitaire et sans énergie.
Debout ! ai-je dit ; au combat !
C'est moi ! je t'apporte une armée.
Romps ta chaîne, je l'ai limée !
Il règne et n'est point un ingrat.
Allons, j'ai déchaîné le meurtre et les rapines !
Il va me payer son pouvoir
Par un million de morts, tout un peuple en ruines
Par sa fuite et son désespoir.

DEUXIÈME VOIX, dans le lointain.

Le vaisseau bondissait sur la vague fumante,

La tempête a soufflé! J'ai dévoré ses mâts,
    Fait voler son pont en éclats,
Ses flancs se sont ouverts à la mer écumante.
        Nul matelot n'a survécu
        Pour aller pleurer son naufrage;
Hors un. Contre les flots il luttait à la nage;
        Haletant, à moitié vaincu,
Il allait s'engloutir... et c'eût été dommage;
        Je l'ai, soudain, par les cheveux
        Saisi, ramené sur la rive;
        Traître et pirate, il faut qu'il vive,
        C'est le fournisseur de mes jeux.

PREMIÈRE DESTINÉE, répondant.

Pendant la nuit, quand la ville sommeille,
De son repos la peste a profité;
L'aurore luit; le peuple qui s'éveille
Au bruit des pleurs se lève épouvanté.
Que de milliers sont déjà dans la tombe,
Que de milliers y descendront encor!
Le frère fuit le frère qui succombe;
Du noir fléau rien n'arrête l'essor;
Dans l'air complice il poursuit sa victime,
Heureux les morts qui ne peuvent plus voir
Ce peuple entier qui se tord et s'abîme

Dans les douleurs et dans le désespoir!

Ce meurtre en grand d'une nuit est l'ouvrage;

Tout siècle a vu cette œuvre de ma main,

Et désormais je veux que d'âge en âge,

La peste au monde enseigne le destin.

(Entrent la seconde et la troisième Destinée.)

LES TROIS.

L'homme nous appartient et son souffle débile.

Enchaîné malgré son orgueil,

Nous faisons de son cœur un instrument docile,

Un marche-pied de son cercueil!

PREMIÈRE DESTINÉE.

Salut! Et Némésis?

DEUXIÈME DESTINÉE.

A quelque grand ouvrage.

Je n'ai pas eu le temps d'en savoir davantage,

J'en avais plein les mains.

TROISIÈME DESTINÉE.

Regardez! la voici.

(Entre Némésis.)

PREMIÈRE DESTINÉE.

Oublieuse! Ce soir, nous faire attendre ainsi!

NÉMÉSIS.

J'étais à ressouder des couronnes brisées,

A replâtrer, vernir des royautés usées ;

A précipiter l'homme à des actes vengeurs

Qu'un repentir tardif venait baigner de pleurs.

Je mariais des sots, j'affolais la sagesse ;

Des oracles passés redoutant la vieillesse,

Je faisais fabriquer des oracles nouveaux ,

Qu'au profit des tyrans je soufflais à des sots.

Il était temps ! Déjà des mortels l'insolence

Avait osé peser les rois dans la balance ;

Et quelques jours encor elle aurait attenté

A ce fruit défendu qu'on nomme liberté.

O filles du destin ! partons, l'heure est venue :

Au large ! voyageons sur la rapide nue.

(Elles s'éloignent.)

SCÈNE IV.

Le palais d'Arimane. Arimane est sur son trône formé d'un globe de feu. Les Esprits font cercle autour de lui.

HYMNE DES ESPRITS.

Salut à notre maître ! il est prince des airs ;

Il marche sur les vents et l'onde ,

Il tient le sceptre du monde

Et des éléments divers ;

A sa parole profonde

Le chaos est dans l'univers !

Il souffle et l'Océan écume sous l'orage ;

Il fronce le sourcil, et la terre a tremblé!

Le tonnerre à sa voix répond dans le nuage,

Et devant son regard le soleil s'est voilé !

Sous ses pieds le volcan se brise,

Son courroux frappe, pulvérise

Planètes, astres effrayés ;

Pour lui, la comète fatale,

Ouvrant sa marche triomphale,

Perce les cieux incendiés !

La guerre, chaque jour, t'offre des sacrifices,

La mort t'apporte son tribut,

La vie et la douleur leurs horribles caprices,

Ame de l'univers, salut !

(Entrent les Destinées et Némésis.)

PREMIÈRE DESTINÉE.

Gloire au grand Arimane, et salut ! Sur la terre

Les filles du destin, ardentes à te plaire,

Propagent chaque jour ton nom et ton pouvoir;

De même que mes sœurs j'ai rempli mon devoir.

DEUXIÈME DESTINÉE.

Gloire au grand Arimane! à ses genoux nous sommes

Nous toutes devant qui se prosternent les hommes.

TROISIÈME DESTINÉE.

Gloire au grand Arimane! et respect à sa loi!

NÉMÉSIS.

Maître des souverains, oui, nous sommes à toi!
Oui! nous t'appartenons, et tout ce qui respire
Reconnaît, plus ou moins, le joug de notre empire,
Et nous veillons toujours à la solidité
De ton pouvoir ainsi par le nôtre augmenté.
Repose-toi sur nous! avec un soin extrême
Je viens d'exécuter ta volonté suprême.

(Entre Manfred.)

PREMIER ESPRIT.

Qui vient ici? que vois-je! un mortel parmi nous!
Être vil et fatal! à genoux! à genoux!

DEUXIÈME ESPRIT.

Je connais l'homme, et c'est un sorcier redoutable!
D'un grand pouvoir!

TROISIÈME ESPRIT.

Qu'importe!... à genoux, misérable!
Quoi! tu n'obéis point? mortel! voilà ton roi,
Prosterne ta poussière!

TOUS LES ESPRITS.

Esclave, courbe-toi!

3.

Ou de nos châtiments reçois le plus terrible.

MANFRED.

Je le connais; eh bien! je demeure inflexible,
Je ne veux pas plier!

QUATRIÈME ESPRIT.

Ah! s'il en est besoin,
Nous allons te l'apprendre!

MANFRED.

Epargnez-vous ce soin.
Je le sais dès longtemps; dans des veilles funèbres,
Que de fois j'ai frappé, seul parmi les ténèbres,
Le sol nu de mon front! D'un cilice couvert,
Humilié, brisé parce que j'ai souffert,
Profond abaissement d'une fière nature!
Que de fois j'ai fléchi sous ma propre torture!
Que de fois, de remords rongé, devenu fou,
Devant mon désespoir j'ai plié le genou.

CINQUIÈME ESPRIT.

Tu résistes encore! oses-tu bien, profane,
Refuser ton hommage au puissant Arimane?
Quoi! la terre l'adore, ô mortel orgueilleux!
Aux terreurs de sa gloire ouvre, ouvre donc les yeux;
Prosterne-toi, te dis-je!

MANFRED.

Invite-le lui-même

A tomber à genoux devant l'Être suprême ;

Devant son souverain et celui des mortels.

Il ne l'a pas créé pour avoir des autels !

Que devant l'infini ton roi se courbe et tremble,

Et nous l'adorerons agenouillés ensemble.

LES ESPRITS.

Brisons, broyons le ver !

PREMIÈRE DESTINÉE.

Arrière ! il est à moi !

Souverain des esprits, cet homme est sous ma loi.

Sa présence en ces lieux, son maintien, son audace

Annoncent que cet homme est plus haut que sa race :

Il porte, ainsi que nous, sur son front indompté,

Le sceau de la douleur dans l'immortalité ;

Sa volonté de fer, à son savoir unie,

L'a rendu notre égal ; jamais un tel génie

De la chair et du sang n'habita la prison ;

Maintenant, comme nous, il sait que la raison

Ne fait pas le bonheur ; que chercher la science

N'est que se fatiguer à changer d'ignorance.

Ce mobile puissant de la terre et du ciel,

Cet attribut actif, au monde essentiel,

Ce feu, qui de la vie animant la spirale,
Court du ver au géant, la passion fatale
A tellement creusé son cœur incendié,
Que moi, dont l'esprit pur ignore la pitié,
Je souffre qu'on le plaigne : il m'appartient. Peut-être
T'appartient-il aussi!... Hors nous, nul n'est son maître;
Nul ici ne l'égale ou n'a de droits sur lui.

NÉMÉSIS.

Alors, que nous veut-il?

PREMIÈRE DESTINÉE.

Qu'il s'explique aujourd'hui.

MANFRED.

Eh bien donc! éclairé de vos propres lumières,
De votre empire aussi je connais les frontières;
Ma présence en ces lieux atteste mon pouvoir :
J'en veux interroger un plus grand.

NÉMÉSIS.

Pour savoir...

MANFRED.

Il suffirait ici d'un mot pour te confondre.
Va réveiller les morts, eux seuls peuvent répondre.

NÉMÉSIS.

Grand Arimane, parle; est-ce ta volonté?

ARIMANE.

Oui.

NÉMÉSIS.

Quel mort appeler ?

MANFRED.

Un sans tombe. Astarté.

NÉMÉSIS.

Esprit, ombre légère,
Qui que tu sois,
Qui vécus sur la terre,
Entends ma voix !

Si tu gardes encor de ta forme d'argile

Quelque contour,
Esprit docile
Reviens au jour !
Reviens avec ton âme,
Reviens avec tes traits :
Apparais ! apparais ! apparais !

Qui t'envoya là-bas, en ces lieux te réclame.

(Le fantôme d'Astarté se lève au milieu des Esprits.)

MANFRED.

Est-ce bien là la mort ? Quoi ! sa joue est en fleur !
Mais de la vie, hélas ! ce n'est pas la couleur,
Étrange éclat ! semblable à celui dont l'automne

Peint la feuille des bois que son souffle moissonne.
C'est elle-même, ô ciel! et je me sens trembler...
La regarder! je n'ose... et ne peux lui parler.
Non, je ne le peux pas! Mais ordonne, Arimane,
Ou qu'elle me pardonne, ou qu'elle me condamne!

NÉMÉSIS.

Par celui qui t'a réveillé
Et du tombeau t'a rappelé,
Je te l'ordonne esprit! parle à qui t'a parlé.

MANFRED.

Elle se tait. Hélas, j'ai compris ce silence!...

NÉMÉSIS.

Cet esprit, ô mortel! échappe à ma puissance.
Prince de l'air, toi seul peux commander ici.

ARIMANE

Obéis à ce sceptre.

NÉMÉSIS

Il te résiste aussi!

Ainsi donc cet esprit ne porte point nos chaînes,
Il subit d'autres fers! tes demandes sont vaines;
Il se tait devant nous, il est muet pour toi.

MANFRED.

Astarté! mon aimée! écoute! parle-moi!
Hélas, j'ai tant souffert... je souffre tant encore...

Daigne incliner les yeux vers celui qui t'implore!
La tombe t'a changée, et moi, pâle, amaigri,
Regarde! la douleur ne m'a pas moins flétri!
Oui, tu m'as aimé trop! et je t'ai trop aimée!
Oui, cette flamme en nous par l'enfer allumée,
Oui, ce péché mortel causa notre malheur;
Mais nous n'étions pas nés pour nous broyer le cœur!
Dis que tu n'as pour moi, ni d'horreur ni de haine,
Que du péché commun, je porte seul la peine;
Que tu seras un jour au nombre des élus,
Et que bientôt enfin je n'existerai plus.
Terre et ciel, contre moi pleins de haine et d'envie,
Conspirent ardemment pour prolonger ma vie!
Déjà mon âme a peur de l'immortalité,
D'un avenir qui n'est qu'un passé réflété!
Plus de repos pour moi, de volonté, d'idée!
Mais toi toujours absente et toujours demandée!
Rêver, sentir en toi... c'est tout ce que je puis!
Parle-moi! cette voix qui chassait mes ennuis,
Cette voix de jadis si plaintive et si tendre,
Une dernière fois j'ai besoin de l'entendre;
Parle-moi!... dans les nuits, que de fois, des oiseaux,
Par ton nom murmuré, j'éveillai le repos!
Mon regret le criait aux loups de la montagne,

A l'écho des sommets, à ceux de la campagne :
Nature, hommes, esprits, tous, ils l'ont entendu,
Et toi seule à ton nom tu n'as pas répondu !
Parle-moi ! J'ai cherché ton image adorée
Dans les astres, les cieux, sans l'avoir rencontrée !
Parle-moi ! J'ai cherché parmi le genre humain
Un trait de ton visage... en vain ! toujours en vain !
Attendris de mes maux, vois ces démons me plaindre ;
De leur foule entouré, je ne saurais les craindre,
Mon cœur s'absorbe en toi.. parle ! même en courroux
De tes lèvres tombé, mon arrêt sera doux ;
Dis donc, n'importe quoi ! mais par grâce j'implore
Ta voix ! ta chère voix ! que je l'entende encore !...

LE FANTOME D'ASTARTÉ.

Manfred !

MANFRED.

Ouvre ta bouche une seconde fois !
Je ne vis qu'en ces sons ! parle. Oh ! oui ! c'est ta voix !

LE FANTOME.

Demain s'achèveront tes peines sur la terre.
Adieu !

MANFRED.

Par pitié ! parle ! une grâce dernière !
Suis-je pardonné ? dis... daigne répondre ?

LE FANTOME.

Adieu !

MANFRED.

Te verrais-je plus tard, ou dans un autre lieu?

LE FANTOME.

Adieu!

MANFRED.

Rien qu'un seul mot. Ah! dis-moi que tu m'aimes!

LE FANTOME.

Manfred!

(L'esprit d'Astarté disparaît.)

NÉMÉSIS.

Elle n'est plus, et nos charmes eux-mêmes
Ne sauraient l'évoquer. Crois ses prédictions.
Mortel, retire-toi!

UN ESPRIT.

Dans les convulsions
Il se tord! Voilà bien ces enfants de la terre,
Ils veulent pénétrer au-delà de leur sphère.

UN AUTRE ESPRIT.

Mais vois comme il reprend sa force et sa fierté,
Et comme sa douleur cède à sa volonté!
S'il eût été créé de notre pure essence,
Nul n'aurait avec lui lutté d'intelligence.

NÉMÉSIS.

As-tu quelque demande à faire désormais
A notre souverain ou bien à ses sujets?

MANFRED.

Non !

NÉMÉSIS.

Adieu... pour un temps.

MANFRED.

                        Que veux-tu dire?... en sorte
Que nous nous reverrons? Sur la terre?.. ou?.. qu'importe,
Où tu voudras. Merci de m'avoir accordé
Ce que je désirais ; ce que j'ai demandé.

                       (Sort Manfred.)

           (La scène se termine.)

ACTE III.

Une salle dans le château de Manfred.

SCÈNE I.

MANFRED, HERMANN.

MANFRED.

Quelle heure?

HERMANN.

Une heure encore, et le soleil s'efface.
Nous aurons un beau soir.

MANFRED.

Tout est-il à sa place
Dans la tour?

HERMANN.

Oui, seigneur; tout est bien installé,
Tout est prêt et voici la cassette et la clé.

MANFRED.

C'est bien! retire-toi.

(Sort Hermann.)

Que mon âme est paisible!
Pour l'homme, un tel repos me semblait impossible,

J'en jouis, cependant. Si je ne savais pas
Que de tous les jongleurs qui prêchent ici-bas,
Que de tous les pipeurs de l'humaine folie,
Le plus grand, le plus faux c'est la philosophie,
Je croirais, aujourd'hui, posséder en mon cœur,
Le « Kalon » tant rêvé, le secret du bonheur.
Il ne saurait durer cet état de bien être ;
Il est bon, toutefois, de l'avoir pu connaître,
Ne fût-ce qu'un moment ; car en lui rafraîchi,
D'un sentiment nouveau je me suis enrichi,
Et je veux constater que, même sur la terre,
Le doux sommeil du cœur n'est pas un chimère.

HERMANN, entrant.

L'abbé de Saint-Maurice a demandé l'honneur...

(L'abbé paraît.)

L'ABBÉ.

Paix au comte Manfred.

MANFRED.

Merci, digne pasteur !

Soyez le bien venu ! votre présence honore
Le castel et le maître et les bénit encore !

L'ABBÉ.

Plût au ciel ! Je désire un secret entretien.

MANFRED.

Herman, retire-toi.

(Sort Hermann.)

Nous sommes seuls. Eh bien ?

L'ABBÉ.

J'aborde franchement l'objet de ma visite.

Comte, si par hasard ma lèvre vous irrite,

Mes cheveux blancs, mon zèle et ma profession,

Mon titre de voisin, ma bonne intention,

Sans doute, près de vous, plaideront mon excuse ;

Peut-être qu'en effet ma piété s'abuse ;

Mais de terribles bruits sur vous ont circulé ;

A d'étranges rumeurs votre nom est mêlé...

Ce nom de vos aïeux, légué si pur, sans doute,

Vous le rendrez sans tache ?

MANFRED.

Achevez donc, j'écoute.

L'ABBÉ.

On dit que des secrets aux mortels interdits

Ont été néanmoins par vous approfondis,

Et qu'avec les démons de ces gouffres funèbres,

Où la mort pour toujours entasse les ténèbres,

Ces agents éternels du mensonge et du mal,

Vous osâtes lier un commerce infernal !

Entre le monde et vous la rupture est complète ;

Vous vivez, je le sais, comme un anachorète,

Plût au ciel, aussi saint !

MANFRED.

Ces bruits mystérieux,

Dites, qui les répand?

L'ABBÉ.

Qui?... mes frères pieux,

Montagnards, laboureurs, vos propres vassaux même !

Croyez-moi, votre vie est en péril extrême.

MANFRED.

Prends-la.

L'ABBÉ.

Vous m'outragez! la mort n'est pas mon but!

La mort! pour l'écarter j'apporte le salut.

Votre cœur est à vous, je ne puis y descendre;

Au piége du démon, s'il s'est laissé surprendre,

A vos pleurs pénitents, l'Église s'ouvrira:

Par elle délié, le ciel vous délîra.

MANFRED.

Le ciel seul sait ma vie, et quoi que l'on suppose,

Je ne veux pas d'un homme à défendre ma cause,

Prêtre, sache-le bien!... Ai-je blessé la loi?

Examinez, prouvez, et puis, punissez-moi!

L'ABBÉ.

O mon fils! rendez-moi du moins plus de justice,

J'ai parlé de pardon et non pas de supplice;

Pour ramener à Dieu les fils qu'il a perdus,
L'Église m'a donné des pouvoirs étendus.
Au repentir craintif j'applanis l'espérance :
Le châtiment au ciel, mais à nous l'indulgence.
« La vengeance à moi seul, » dit le Seigneur jaloux ;
C'est donc pour pardonner que je viens près de vous.

MANFRED.

Ah ! vieillard, il n'est pas de pleurs, de pénitence,
De visage contrit, de douleur, d'abstinence,
Pas même ce tourment, remords désespéré,
Qui se ronge toujours, de lui-même engendré,
Et changerait le ciel en un lieu de supplice,
Qui puissent ravir l'âme à sa propre justice.
Rien ne peut arracher notre cœur insoumis
A la vitalité de ce qu'il a commis !
Il faut que sur lui-même il punisse son crime,
Qu'il devienne à la fois le juge et la victime.
Non, vieillard ! il n'est pas d'enfer dans l'avenir
Qui ne pâlit devant l'enfer du souvenir !

L'ABBÉ.

Bien, comte, j'aime à voir cette douleur sincère ;
C'est l'acheminement vers l'espoir salutaire ;
Vos yeux s'élèveront vers cet heureux séjour
Qu'aux pécheurs repentants Dieu garde en son amour.

La bonne volonté mène à la foi plus haute :
C'est déjà l'expier que de sentir sa faute.
Parlez donc, et je vais, de l'Église, aujourd'hui,
Offrir à vos chagrins les leçons et l'appui.
Elle pardonnera tout ce qui peut s'absoudre.

MANFRED.

Un jour, un vieux soldat rencontra dans la poudre,
Poignardé par lui-même, un empereur romain ;
Il avait préféré se frapper de sa main
Que de subir la mort, au milieu de la ville,
Aux yeux d'un vil sénat, hier encor si servile.
Ce sang d'un empereur, qu'il voyait s'épancher,
Émut le vieux soldat : il voulut l'étancher ;
Mais son maître mourant, le repoussant lui-même,
Et l'empire brilla dans ce geste suprême,
Lui dit : « il est trop tard ! Est-ce du dévouement ? »

L'ABBÉ.

Qu'en voulez-vous conclure ?

MANFRED.

Eh bien ! en ce moment,
Je réponds comme lui... Trop tard !

L'ABBÉ.

Vaine défense !
Il n'est jamais trop tard pour faire pénitence

Et pour signer la paix de l'âme avec les cieux!
N'as-tu donc plus d'espoir, être mystérieux?
L'espoir chassé du ciel garde son énergie :
Jusqu'en l'illusion le cœur se réfugie,
Semblable au naufragé, par le fleuve entraîné,
Qui saisit les roseaux et s'y tient cramponné.

MANFRED.

Mon père, j'espérais au temps de ma jeunesse,
Et mon esprit tendait à s'élever sans cesse;
Génie audacieux, j'aurais illuminé
Le genre humain surpris, à mes pieds enchaîné :
Des peuples devenu la lumière et le maître,
J'aurais monté! monté... pour retomber peut-être;
De même qu'un torrent qui d'un mont échappé
Étincelle un moment sur le gouffre escarpé,
Y brise d'un seul bond sa colonne fumante,
Mais gronde encor puissant dans sa tombe écumante,
En masse de vapeurs jaillit de toutes parts,
Et forme au sein des airs l'orage et les brouillards!
Ah! mes illusions dès longtemps sont passées!...
Je m'étais abusé par mes propres pensées.

L'ABBÉ.

Comment?

MANFRED.

Je ne savais assouplir ma fierté.

Qui brigue le pouvoir, n'a plus sa volonté :

Comme un esclave, il rampe, il adule, il supplie,

Guette l'occasion, la saisit, ou s'y plie ;

Et mensonge vivant, il achète à ce prix

Un amas de sujets qu'il guide avec mépris.

De serviles troupeaux, qui, moi ! faire partie?...

Non ! fussent-ils de loups ! non, mon antipathie,

Mon orgueil m'empêchaient même d'en être roi !

O lion ! tu vis seul ! et je suis comme toi.

L'ABBÉ.

Et pourquoi ne pas vivre avec et dans le monde?

MANFRED.

Ah je sentais pour l'homme une haine profonde !

Oui, n'étant pas cruel, j'eus avec volupté

Savouré son malheur sans l'avoir enfanté.

Du terrible simoun cette haine est l'image ;

Solitaire et brûlant, il n'assouvit sa rage

Qu'au sein de son empire, au milieu des déserts

Dont il fait bouillonner les sablonneuses mers :

Il ne va point chasser l'homme comme une proie,

Mais si quelque mortel s'égare sur sa voie,

Son souffle incandescent l'a bientôt dévoré,

Funeste seulement à qui l'a rencontré.

J'ai passé comme lui... j'ai trouvé sur ma route...

Ce qui n'est plus.

L'ABBÉ.

Hélas ! ô mon fils ! plus j'écoute,

Plus je sens s'affaiblir en moi le doux espoir

De ranimer votre âme au bonheur, au devoir :

Si jeune !... je voudrais...

MANFRED.

Regarde-moi ! sur terre

Tu sais combien de maux à l'homme font la guerre !

Et combien de mortels qui ne poursuivant pas

Une soudaine mort au milieu des combats,

S'en trouvent cependant frappés dans leur jeunesse,

Ou traînent au tombeau leur précoce vieillesse :

L'un périt de travail, l'autre de voluptés,

Par l'étude, au tombeau ceux-ci sont emportés ;

Ceux-là meurent minés par la mélancolie,

Ou par les maux du corps, ou bien par la folie :

D'autres sont foudroyés d'un brisement de cœur ;

Ah ! ce mal, des fléaux est le plus destructeur !

Sous des noms variés il attaque dans l'ombre ;

Ses dehors sont changeants, ses victimes sans nombre ;

Ce Protée a payé des tributs à la mort,

Plus qu'il n'en est inscrit aux registres du sort !

Eh bien ! de ces douleurs, dont la moindre est mortelle,

J'ai su porter ma part, sans m'affaisser sous elle ;

Regarde-moi, vieillard ! admirant désormais,

Non pas ce que suis, — mais que je fus jamais,

Ou bien, qu'ayant vécu, je puisse vivre encore !

L'ABBÉ.

Ecoutez, cependant...

MANFRED.

Vieillard, assez. J'honore,

Avec tes cheveux blancs, ta sainte mission ;

Je ne soupçonne pas ta bonne intention ;

Réprime, maintenant, ta lèvre charitable ;

De rudesse, en vers toi, ne me crois pas coupable,

Ce n'est que par égard, prêtre, que je veux bien,

A cette heure, en ce lieu, rompre cet entretien.

Adieu, donc.

(Sort Manfred.)

L'ABBÉ.

Quelle noble et grande créature !

Quelle sève énergique ! et puissante nature !

Combien il contenait d'éléments glorieux,

S'il les eût concentrés sur un but vertueux ;

Ce n'est plus qu'un chaos ! — ténèbres entassées,

Passions, poudre, esprit, clartés, pures pensées,
Tout, sans ordre et sans fin, se heurte confondu :
Son cœur dort, ou détruit ! je sens qu'il est perdu,
Et pourtant ! essayons, je le vaincrai peut-être :
Le prix vaut bien la lutte... oui, d'ailleurs je suis prêtre
Quand le but est céleste, on doit tout essayer ;
Suivons-le prudemment, pour le mieux surveiller.

(L'abbé sort.)

SCÈNE II.

Un autre appartement dans le château de Manfred.

MANFRED, HERMANN.

HERMANN.

Mon maître, ici, ce soir, m'ordonna de me rendre,
C'est l'heure ; et sur les monts le soleil va descendre.

MANFRED.

Je veux le contempler.

(Il va à la fenêtre.)

Idole ! premier roi
D'une fraîche nature, aussi jeune que toi,
D'hommes vaillants et purs, de géants, fils étranges,
Nés des embrassements des femmes et des anges,
Par un charnel amour, lorsque ceux-ci charmés,
Abandonnant les cieux, à leur retour fermés,

4.

Du dieu qu'ils offensaient bravant les anathèmes,
Tombèrent pour un sexe encor plus beau qu'eux-mêmes.
Astre très-glorieux ! le premier adoré,
Quand ton auteur encor ne s'était pas montré,
Aîné de l'Eternel ! les pasteurs de Chaldée,
Sur la cime des monts de ta gloire inondée,
Par tes chaudes clartés, étonnés, réjouis,
T'adoraient, le cœur plein, et les yeux éblouis !
Oh ! du grand inconnu, toi l'image sensible,
Ombre de sa splendeur ! divinité visible !
Astre chef ! centre ardent de mondes radieux,
Qui fais vivre la terre, et les cœurs et les cieux !
Ton cercle étincelant, sur la nature entière,
Prodigue la beauté, la force, la lumière,
Et notre esprit atteint jusqu'en ses profondeurs,
Aussi bien que nos traits, reflète tes couleurs.
Tu nais, luis, et t'éteins dans ta magnificence !
Adieu, soleil ! adieu, toi, qui, dès mon enfance,
Eus mon premier regard de surprise et d'amour,
Je viens te saluer, à mon suprême jour.
Brilleras-tu jamais sur une créature
D'une plus misérable et fatale nature ?...
Il part ! je vais le suivre...

(Il sort.)

SCÈNE III.

**Les montagnes. Le château de Manfred, à quelque dis-
tance. Une terrasse devant une tour. Crépuscule.**

HERMANN, MANUEL, ET AUTRES SERVITEURS DE MANFRED.

HERMANN.

Assez étrange au moins!
Il veille chaque nuit, toujours là, sans témoins;
Ma curiosité s'en est encore accrue.
J'ai visité la tour; vous l'avez parcourue...
Et ce qu'elle contient n'a pu nous éclairer
Sur l'étude à laquelle il pouvait se livrer.
Il s'y trouve une chambre où n'est entré personne;
Je donnerais de l'or (que le ciel me pardonne!)
Afin de pénétrer dans cet appartement.

MANUEL.

Tu ne le ferais pas peut-être impunément;
Ce que tu sais suffit.

HERMANN.

Vieillard discret et sage,
Si tu le voulais bien, j'en saurais davantage.

Tu n'aurais qu'à parler... Dis-moi, dans ce château,
Depuis quel temps sers-tu?

MANUEL.

Du comte à son berceau,
Manuel, depuis longtemps, servait le noble père;
Qu'ils se ressemblent peu!

HERMANN.

C'est assez l'ordinaire.
En quoi diffèrent-ils?

MANUEL.

Pas de corps, mais d'esprit...
Jamais un tel contraste en ce point ne s'offrit.
Fier et libre, jamais n'engendrant d'humeur noire,
Le comte Sigismond aimait le vin, la gloire;
On ne le voyait point sur des livres pâlir,
Ni dans la solitude aller s'ensevelir.
Il ne transformait pas les nuits en veilles sombres;
Fuyait-il comme un loup hantant les bois, les ombres,
Sans plaisirs, sans amis, vivait-il en reclus?...
Fi! Bombance le jour! et la nuit encor plus.

HERMANN.

Vivent ces temps heureux! Ah! je voudrais encore
Dans ces antiques murs voir cette joie éclore.
Ces vieux murs! ils sont pleins d'un silence de mort.

MANUEL.

Il faudrait donc changer de maître tout d'abord...
Hermann, dans ce château j'ai vu d'étranges choses!

HERMANN.

Ouvre sur ces secrets tes lèvres longtemps closes;
Le temps passe à conter. Tu me parlais un jour
D'un fait qui s'accomplit au pied de cette tour.

MANUEL.

C'est vrai! c'était un soir, et je me le rappelle,
Un nuage pourpré, là-bas, en sentinelle,
Immobile, voilait le sommet de l'Eigher;
On dirait que c'est lui que j'aperçois dans l'air.
Le vent plaintif et sourd nous promettait l'orage,
Et la lune, en montant sur la cime sauvage,
En faisait scintiller la neige et le glacier.
Alors, comme à présent (je ne puis l'oublier!)
Le comte, enseveli dans la tour solitaire,
Sans doute s'occupait... de quoi! c'est un mystère.
Le seul être par lui pris en affection,
De ses pas, de sa veille unique compagnon,
Astarté, s'y trouvait avec lui renfermée.
Astarté, de son sang, en devait être aimée,
C'était sa... Chut! qui vient?

                                        (Entre l'abbé.)

L'ABBÉ.

Le comte !

HERMANN.

Retiré

Là-bas, dans cette tour.

L'ABBÉ.

N'importe ! j'entrerai.

Il faut que je lui parle à l'instant.

MANUEL.

Impossible !

J'ai des ordres formels, il n'est donc pas visible.

N'insistez pas, seigneur !

L'ABBÉ.

Allons ! rassure-toi.

Je prendrai, s'il le faut, cette faute sur moi.

Mais, je veux lui parler.

HERMANN.

Il ne reçoit personne.

Et vous l'avez, d'ailleurs, vu ce soir.

L'ABBÉ.

Je t'ordonne

De frapper à sa porte et de le prévenir

Qu'à l'instant, seul à seul, je veux l'entretenir.

HERMANN.

Nous n'osons.

L'ABBÉ.

J'irai donc m'annoncer à ton maître.

MANUEL.

Un moment, s'il vous plaît, arrêtez, ô saint prêtre!

L'ABBÉ.

Le temps presse! Pourquoi?...

MANUEL.

Venez, quittons ces lieux:
A quelques pas d'ici, je m'expliquerai mieux.

(Ils sortent.)

SCÈNE IV.

L'intérieur de la tour.

MANFRED, seul.

Le ciel s'est étoilé, la lune vient d'éclore
Sur les sommets neigeux que son regard colore.
Que c'est beau! que c'est grand! ô nature! pour toi,
Un sentiment d'amour languit encore en moi;
La nuit est plus que l'homme, à mes yeux familière;
Dans son ombre étoilée et sa pâle lumière,
Dans ce doux clair obscur des espaces déserts,
J'ai du monde éternel saisi les traits divers.

Étrange souvenir! au temps de mon jeune âge,

Quand mes rapides jours s'envolaient en voyage,

Éclairé par les feux d'une semblable nuit,

De la grande cité foulant l'orgueil détruit,

J'errais parmi les murs du vaste Colysée,

Le plus puissant débris de Rome renversée.

De mille arceaux rompus, sur le fond bleu du soir,

Les arbres échappés se découpaient en noir;

Se glissant au travers des murailles fendues

Les astres me jetaient quelques lueurs perdues;

Près de moi les hiboux, de leurs sinistres cris,

Des palais des Césars insultaient les débris :

De l'autre bord du Tibre, à l'oreille incertaine,

Les hurlements des chiens arrivaient avec peine,

Et le vent, quelquefois, dans le cirque romain,

M'apportait d'un soldat le qui vive lointain.

Au-delà de la brèche, ouverte par les âges,

Quelques tristes cyprès étendant leurs feuillages,

Éloignés d'un trait d'arc, à mes yeux obscurcis

Semblaient à l'horizon dresser leurs bras noircis.

Tandis que des palais habitant les décombres,

Sur toutes leurs grandeurs gémit l'oiseau des ombres,

Que le lierre envahit le terrain du laurier,

Que la ronce saisit l'impérial foyer,

Seul le cirque est debout! Ce théâtre du glaive,

Chef-d'œuvre de ruine, est le seul qui s'élève.

Sur ces riches palais, émiétés par les ans,

Il étale, orgueilleux, ses débris imposants.

Et toi, reine des nuits! lune mélancolique!

Tes rayons s'épanchaient sur cette terre antique;

Là, tout s'adoucissait sous ton regard voilé,

Et l'abîme des temps par toi semblait comblé!

De ces muets débris ornant la moindre pierre,

Tu mettais leur beauté dans toute sa lumière;

Je me crus dans un temple où l'esprit du passé

Devant des demi-dieux me tenait abaissé!

Oui, ces vainqueurs des temps, tous ces hommes célèbres,

Nous gouvernent du fond de leurs urnes funèbres.

C'est une nuit semblable! Étrange souvenir!...

Comment donc, à cette heure, ose-t-il revenir?...

Hélas! j'ai découvert que l'humaine pensée

En des rêves sans fin se perdait élancée,

A l'instant où l'esprit, silencieusement,

Devrait s'ensevelir dans le recueillement.

(Entre l'abbé de Saint-Maurice.)

L'ABBÉ.

Monseigneur, excusez ma visite nouvelle,

Tout importun qu'il soit, profitez de mon zèle,

5

Qu'il touche votre esprit et votre cœur surtout !

Par mes pieux efforts, si j'en venais à bout,

Que je serais heureux de vous l'avoir rendue,

Mon Dieu, cette âme errante et qui n'est pas perdue !

MANFRED.

Tu ne me connais pas : mes actes et mes jours

Au livre du destin sont inscrits pour toujours.

Fuis ! cette heure est terrible et ces lieux sont funestes.

L'ABBÉ.

Quoi ! me menacez-vous ?

MANFRED.

Moi, non ; mais si tu restes,

Tu cours un grand danger ; et je voulais, vieillard,

T'éviter cette épreuve avant qu'il fût trop tard.

Je désirais sauver un homme que j'honore.

L'ABBÉ.

Comment ?...

MANFRED.

Ne vois-tu rien ?

L'ABBÉ.

Rien.

MANFRED.

Ah ! regarde encore

Sans frémir ?... Que vois-tu ?

L'ABBÉ.

Je vois un être affreux,

Mais je ne le crains pas; un spectre ténébreux!
Comme un dieu de l'enfer il est sombre, terrible,
Et du sol lentement surgit sa forme horrible :
Un manteau, sous ses plis, me dérobe ses traits;
Tout son corps est voilé de nuages épais;
Il se tient entre nous, sans m'inspirer de crainte.

MANFRED.

Oui, ton âme, en effet, est hors de son atteinte,
Mais son aspect pourrait paralyser ton cœur.
Fuis!

L'ABBÉ.

Fuir! Je veux chasser cet esprit imposteur!
Le combattre, le vaincre au nom du Dieu suprême!
Que vient-il faire ici?

MANFRED.

Je l'ignore moi-même.

Il est là sans mon ordre.

L'ABBÉ.

Hélas! homme perdu!

Dans quel gouffre profond êtes-vous descendu?
Quels hôtes effrayants! Quelle vie est la vôtre!
Pourquoi ces yeux ardents attachés l'un sur l'autre?..
Je frémis, mais pour vous!... le manteau tombe!... O ciel!
Je vois dans ses regards l'enfer luire immortel,
Du coup dont le frappa l'éternelle justice;

Sur son front foudroyé voilà la cicatrice!
Éloigne-toi, maudit!...

MANFRED.

Qui t'amène en ces lieux?...

L'ESPRIT.

Viens!

L'ABBÉ.

Réponds sur-le-champ, spectre mystérieux!
Quelle est ta mission? Quel es-tu?

L'ESPRIT.

Son génie.

Viens! il est temps.

MANFRED.

Qui? moi! t'obéir? Non! je nie
Ton pouvoir et ton droit! Qui t'envoya vers moi?...

L'ESPRIT.

Tu le sauras plus tard. Viens! viens!

MANFRED.

J'ai sous ma loi
Fait plier des esprits d'une plus pure essence:
Avec tes souverains j'ai lutté de puissance!
Audacieux démon, arrière! Disparais.

L'ESPRIT.

Tes jours sont accomplis. Viens, te dis-je.

MANFRED.

Jamais!

Fuis! Je n'ignore pas que la mort me réclame;
Mais ce n'est pas à toi que je rendrai mon âme!
J'ai toujours vécu seul, et seul je veux mourir.

L'ESPRIT.

Alors je vais sommer mes frères d'accourir!
Paraissez!   (Les autres Esprits paraissent.)

L'ABBÉ.

　　　Loin d'ici, troupe horrible et maudite!
Arrière! Contre vous la piété milite!
Disparaissez au nom......

L'ESPRIT.

　　　　　Arrête! Il est trop tard!
Je sais ta mission et la nôtre, vieillard!
Pour le défendre, en vain tu prodigues ton zèle,
Cet homme est condamné. Tu m'appartiens, rebelle!
Partons! Ne sens-tu point les ombres du trépas?
Viens! viens!

MANFRED.

　　　　Oui, je me meurs, mais je ne cède pas!
Ici vous voilà tous! et tous je vous défie!
Tant qu'il me restera quelque souffle de vie,
Immobile en ce lieu, misérables esprits,
Je vous écraserai de mon dernier mépris!
Je vous défie encor! et si de cette chambre
Vous pouvez m'arracher, ce sera membre à membre!

L'ESPRIT.

Homme à vivre obstiné, la mort t'effraie! Eh bien!
Le voilà donc tremblant, ce grand magicien,
Ce prétendu rival! ce chercheur d'invisible!
Pour cette terre encore, ah! quel amour horrible!
Quoi! c'est toi qui veux vivre?...

MANFRED.

Esprit lâche, tu mens!
Je touche, je le sais, à mes derniers moments;
Mais loin de reculer devant l'heure suprême,
Je n'en veux racheter une minute même!
Non! non! contre la mort je ne me raidis pas,
Tes compagnons et toi, voilà qui je combats.
Ai-je donc fait un pacte avec toi, misérable?
De mon pouvoir passé te suis-je redevable?
Je le dois à l'étude, à ma témérité,
A mon ferme génie, à mon habileté
A percer la science à nos pères ouverte,
Quand d'hommes et d'esprits la terre était couverte;
Quand ils marchaient de pair!... Mais je me ris de vous,
Je me tiens sur ma force, et vous méprise tous!

L'ESPRIT.

Tes crimes t'ont rendu...

MANFRED.

Que t'importent mes crimes!

Va! cours t'ensevelir dans tes brûlants abîmes.
Est-il puni, le crime, ou par d'autres forfaits,
Ou par des criminels plus grands? Ah! disparais!
Tu ne peux rien sur moi, *je le sens*... pour mon maître,
Je sais dès à présent que tu ne dois pas l'être.
Ce que j'ai fait est fait : et je porte en mon cœur
Mon propre châtiment complet dans sa douleur !
Un esprit immortel à lui seul est comptable;
De tout ce qu'il produit de bon et de coupable
Il est du mal en lui, le terme et la raison :
Quand *le moi* par la mort a rompu sa prison,
De l'espace et du temps les causes secondaires
Ne jettent plus sur lui leurs lueurs passagères ;
Il s'absorbe en lui-même, et de son sentiment
Jaillit ou son bonheur, ou son propre tourment.
Tu n'as pu me tenter; retourne à qui t'envoie !
Je ne fus point ta dupe et ne suis point ta proie!
Seul je me suis détruit ! Au-delà du tombeau
Le seul Manfred aussi doit être son bourreau!
Sous la main de la mort la force m'abandonne ;
Vous, impuissants démons, fuyez! je vous l'ordonne.

(Les démons disparaissent.)

L'ABBÉ.

Comme vous voilà pâle et le sein oppressé !
Votre lèvre blanchit; le son embarrassé

Râle dans votre gorge!... A votre heure dernière,
Mentalement au moins une seule prière!
Au nom du Dieu vivant n'expirez pas ainsi!

MANFRED.

C'en est fait. Et déjà mon regard obscurci
Ne distingue tes traits qu'à travers un nuage;
Autour de moi, sur moi, chaque objet tourne et nage...
Le sol manque, adieu donc! Ta main...

L'ABBÉ.

Froid jusqu'au cœur!

Froid!... Mais repentez-vous! Mourez dans le Seigneur!
Une prière, hélas! peut vous sauver encore!
O mon fils! mon cher fils, à genoux je l'implore!
Inspirez-moi, mon Dieu! Comment le secourir?...

MANFRED.

Il n'est pas difficile, ô vieillard, de mourir.

(Manfred expire.)

L'ABBÉ.

Il n'est plus. Loin d'ici l'âme s'est élancée
Vers où? J'ai malgré moi peur de cette pensée!

FIN DE MANFRED.

NOTES.

(Page 36 , vers 5.)

. . . . Sur le torrent sonore
L'Arc-en-ciel varié brille et se courbe encore.

Cette Iris est formée par les rayons du soleil sur la partie la plus basse des torrents alpestres. On dirait un arc-en-ciel descendu pour visiter la terre; il est si près de vous que vous pouvez vous y promener. Cet effet dure jusqu'à midi.

(Page 38 , vers 20.)

La réponse parut obscure au roi coupable,
L'avenir en montra le sens inexorable.

L'histoire de Pausanias, roi de Sparte (qui commandait les Grecs à la bataille de Platée, et qui périt plus tard pour avoir tenté de trahir les Lacédémoniens) et celle de Cléonice, sont racontées dans la *Vie de Cimon,* par Plutarque, et dans les *Laconiques* de Pausanias le Sophiste, dans sa description de la Grèce.

(Page 40 , vers 21.)

Ainsi dans Gadara, l'antique Iamblicus,
Fit sortir, aux accents de sa voix souveraine,
Les esprits Antéros, Éros, de leur fontaine.

Le philosophe Iamblicus. L'histoire de l'apparition d'Éros et d'Antéros se trouve dans la vie de ce philosophe. Elle est bien racontée.

(Page 56 , vers 6.)

Le « Kalon » tant rêvé, le secret du bonheur.

La pierre philosophale.

(Page 65 , vers 24.)

. . . . **Des géants, fils étranges,**
Nés des embrassements des femmes et des anges.

« Les fils de Dieu voyant que les filles des hommes étaient belles, etc. »

Il y avait en ce temps-là des géants sur là terre, lors, dis-je, que les fils de Dieu se furent joints avec les filles des hommes, et qu'elles leur eurent donné des enfants; ce sont ces puissants hommes qui, de tout temps, ont été des gens de renom.

GENÈSE, ch. VI, versets 2, etc.

LARA.

A mon Ami

ROGER MARVAISE

AVOCAT AU BARREAU DE PARIS.

Hya. du Pontavice de Heussey.

LARA

CONTE

—

CHANT PREMIER.

I

Les vassaux de Lara, dans ce vaste domaine,
Ne sentent qu'à demi leur féodale chaîne;
Lui, qu'ils n'espéraient plus, sans pouvoir l'oublier,
L'exilé volontaire a revu son foyer;
Le castel a repris sa mine gaie et fière,
La coupe est sur la table, aux créneaux la bannière;
De l'âtre hospitalier les feux longtemps éteints
Jettent leurs reflets d'or sur les vieux vitraux peints;
Au foyer rassemblés que de joyeux compères,
Les yeux étincelants, entrechoquent leurs verres!

II

Le seigneur de Lara revoit donc ses créneaux:
Des mers pourquoi jadis traversa-t-il les eaux?

Quand son père mourut, inexpérimentée,

D'un tel coup sa jeunesse ignora la portée ;

Lara devint son maître ; — un héritage amer !

Un pouvoir redoutable et qui coûte trop cher !—

La paix de notre cœur. — Sans contrôle, sans guide,

Qui, du crime éclairant le dédale perfide ,

Contre sa propre fougue aurait su le garder ,

A l'âge d'obéir, Lara dut commander.

A quoi bon retracer ses écarts de jeunesse ?

Le chemin parcouru par sa fiévreuse ivresse

Fut sans doute bien court ; assez long cependant,

Pour briser à moitié le coureur trop ardent.

III

Jeune donc il quitta son pays ; et sa trace

A peine après l'adieu se perdit dans l'espace,

Et Lara jour à jour descendit dans l'oubli.

Le fils était absent, le père enseveli ;

Sur le noble exilé quelques vagues murmures,

Quelques mots inquiets, de froides conjectures,

Ce fut tout ; et bientôt, du seigneur effacé,

Le nom, dans son castel, ne fut pas prononcé.

Son portrait s'obscurcit ; libre de sa parole,

Sa future sourit au chef qui la console ;
La jeunesse l'oublie et les vieillards sont morts :
« Et cependant il vit ! il vit sur d'autres bords, »
S'écrie un héritier, impatient d'attendre,
Et de prendre le deuil pour honorer sa cendre.
De leurs sombres beautés, cent nobles écussons
Du château de Lara décorent les donjons ;
Parmi ces vieux blasons il manque un seul emblême ;
Mais qu'un jour ce fleuron rentre au vieux diadême,
Qu'il remonte à son rang, et, secouant le deuil,
Le castel reprendra sa joie et son orgueil.

IV

Lara revient enfin. Mais soudain, solitaire ;
D'où ? qu'importe cela. Pourquoi ? c'est un mystère.
Si l'on doit s'étonner, c'est de son long séjour
Loin du pays natal, et non de son retour.
Sa suite, il n'en a pas, hormis un simple page,
De figure étranger et dans la fleur de l'âge.
Les ans s'étaient enfuis, entraînant après eux,
L'habitant du foyer et l'homme aventureux :
Mais d'un autre climat l'absence de nouvelles
Avait au temps lassé prêté de lourdes ailes.

C'est Lara ! c'est bien lui ! néanmoins, trop obscur,
Le passé semble un rêve ou le présent peu sûr ;
Si les jours, la fatigue ont pâli son visage ,
Il vit, il est encor dans la vigueur de l'âge ;
Si ses anciens défauts sont à peine oubliés ,
Le sort, ce maître dur, les aura châtiés.
On n'a su rien de lui de longtemps ; il faut croire
Que de sa vieille race il soutiendra la gloire,
Jadis fier et hautain , ses fautes, après tout,
Furent celles d'un homme où la jeunesse bout,
D'un cœur non endurci ces erreurs passagères
Sont de peu d'importance et de remords légères.

V

Ses défauts sont changés, sans doute, et quel qu'il soit,
Il n'est plus ce qu'il fut , chacun s'en aperçoit.
Son front fixe à la fin dans ses lignes creusées,
Parle de passions peut-être... mais brisées !
Sa juvénile ardeur s'est changée en orgueil ;
Dédaigneux de l'éloge et haut, il a cet œil
Qui saisit d'un regard le fond de la pensée ;
Ce ton souple et léger, cette ironie aisée,
Trait acéré d'un cœur que le monde a meurtri,

Qui frappe en se jouant, qu'on reçoit sans un cri.
Tel il apparaissait impénétrable et sombre !
Gloire, puissance, amour, ce but du plus grand nombre
Qu'atteignent seulement quelques rares élus,
Trouvent ce cœur muet et ne l'agitent plus !
Toutes ces passions ont remué son âme,
On le sent; quelquefois une soudaine flamme,
Éclair des profondeurs où dorment ses secrets,
De sa face livide illumine les traits !

VI

La moindre question sur son passé le blesse;
Des pays, des déserts courus par sa jeunesse,
De leur charme sauvage il ne vous parle pas.
Seul, inconnu, dit-il, il y porta ses pas.
Tant d'hommes, de pays visités ! comment croire
Qu'il n'en ait conservé ni leçons ni mémoire?
Non! « tous ces souvenirs d'un obscur voyageur,
» Pour daigner en parler ont trop peu de valeur, »
Répond-il... On insiste... un nuage s'élève
Sur son front; sa parole est plus sèche et plus brève.

VII

Enfin , de son retour chacun se montre heureux :
Allié des grands noms, issu des plus hauts preux,
Grâce au vieux souvenir d'une race illustrée,
Du castel de ses pairs il possède l'entrée.
A leurs fêtes mêlé, mais sans y prendre part,
Leur joie et leur ennui passent sous son regard :
Lara les suit du fond de son indifférence
Dans ce champ clos perfide, ouvert par l'espérance,
Où chaque combattant cherche, ardent et fatal,
Les honneurs, l'or plus sûr, le plaisir, un rival!
On dirait, à le voir dans son calme immuable,
Qu'il habite au milieu d'un cercle infranchissable ;
Il porte dans ses yeux une rigidité
Qui fait en frissonnant fuir la frivolité;
En l'observant de près, les personnes timides
Échangent leurs terreurs à mots bas et rapides;
Le petit nombre seul, d'un cœur plus bienveillant,
Juge l'homme assez bon sous ce masque effrayant.

VIII

Étrange! de plaisirs jadis inassouvie,
Sa jeunesse bouillait, toute action et vie!
Il aimait les combats, les femmes, l'Océan;
Vers voluptés, périls, il courait d'un élan;
Jusqu'en ses profondeurs il fouillait l'existence,
Et son audace avait trouvé sa récompense!
Non dans un milieu terne et sans émotion,
Mais dans l'intensité de la sensation!
C'était là qu'il fuyait aux coups de sa pensée
C'était là, qu'en son cœur la tempête amassée,
Du choc des éléments avec dédain riait,
Et le sein palpitant, c'est là qu'il défiait,
Ivre de voluptés ardentes, ineffables,
Qu'il défiait le ciel d'en avoir de semblables!
L'excès était sa vie et son maître. Comment
S'était-il réveillé d'un tel enivrement?
Il se tait. Ah! Lara s'éveilla, pour maudire
Ce cœur qu'il a flétri, mais qu'il n'a pu détruire!

IX

Si l'homme fut jadis son livre préféré,
De livres aujourd'hui Lara vit entouré.
Caprice inconcevable ! enchaînés par l'étude,
Ses jours passent dans l'ombre et dans la solitude,
Et rarement alors appelés près de lui,
Ses serviteurs émus, disent avoir ouï,
Toute la nuit, ses pas fatiguer les ténèbres
Dans cette galerie, où par files funèbres
Se suivent les portraits de ses nobles aïeux ;
Ils ajoutent plus bas, d'un ton mystérieux,
Qu'ils ont même entendu des voix surnaturelles
Et des mots inconnus à des lèvres mortelles.
Oui, rira qui voudra !... Pour eux, pâles d'effroi,
Ils ont vu des objets... ils ne savent trop quoi !...
Sacrilége ! pourquoi, du sépulcre enlevée,
Cette tête de mort par ses regards couvée
Et qu'il place toujours près de son livre ouvert,
Comme une sentinelle au seuil de son désert !...
Il veille, quand le monde au sommeil s'abandonne ;
La musique, il la fuit, il ne reçoit personne...
Signes accusateurs ! Et quel est le témoin ?

Quel est le mal ?... plusieurs le diraient au besoin !
Longue histoire !... D'ailleurs leur prudence plus sûre
Se borne seulement à quelque conjecture :
Mais s'ils voulaient parler !... Tels étaient les propos
Qu'à table, sur leur maître échangeaient les vassaux.

X

Il est nuit. De Lara la limpide rivière
Des étoiles au loin réfléchit la lumière ;
Les flots coulent si doux, qu'ils semblent endormis !
Rapides cependant comme des jours amis
Ils passent... reflétant dans leur glace magique
Les astres immortels de ce ciel magnifique !
Les bords sont couronnés d'arbres charmants; de fleurs
Que choisirait l'abeille entre toutes leurs sœurs;
Diane encore enfant en eût fait sa guirlande,
L'innocence à l'amour en rêverait l'offrande !
L'onde assouplie ondoie en serpent argenté ;
Sur le sol et dans l'air quelle tranquillité !
Une apparition, dans cette nuit céleste,
N'eût pas causé d'effroi ! sûr que rien de funeste
Ne pouvait sur ces bords errer en ce moment !
Il faut, pour en jouir, être bon seulement.

Ainsi dans ces beaux lieux pensa Lara, sans doute;
Et brusque, du castel il a repris la route.
Ce spectacle, Lara n'ose le contempler!
Ces astres et ce ciel viennent lui rappeler
Des cieux plus transparents, des nuits plus souriantes,
Des airs plus parfumés, des lunes plus brillantes,
Des jours trop tôt passés! et des cœurs qu'aujourd'hui!.
Ah! qu'éclate l'orage et qu'il tonne sur lui!
Impassible, il saura soutenir sa furie,
Mais la beauté!... la nuit!... amère raillerie!...

XI

Il rentra dans la salle. Au fond du clair obscur
Sa grande silhouette ondoya sur le mur;
Là, des hommes passés on avait peint l'histoire;
Là, leurs seuls souvenirs ou de honte, ou de gloire,
Hormis quelque légende... et les sombres caveaux
Fermés sur leurs erreurs, leur faiblesse et leurs os,
Et peut-être un fragment de l'orgueilleuse page
Où la plume à la main, l'histoire, d'âge en âge,
Par l'éloge et le blâme, à la postérité
Ment d'un air véridique et ment en vérité!
Il marchait à grands pas, tout pensif—et furtive,

A travers les treillis resserrés de l'ogive
La lune insinuée, à Lara laissait voir
La salle en demi-jour, du parvis au voussoir.
Dans l'oscillation des reflets fantastiques,
Les saints qui surmontaient les fenêtres gothiques,
Images de prière et de recueillement,
Livides, et grandis, semblaient en ce moment
Lentement se lever sous la lune argentée,
Comme s'ils s'animaient d'une vie enchantée.
Lui, le front nuageux, le panache ondoyant,
Les cheveux noirs, dressés, marchait, spectre effrayant!

XII

Tout dort ; il est minuit ; la lampe jette à peine
Sur les ombres des murs sa lueur incertaine ;
Il semble qu'elle ait peur d'interrompre la nuit.
Écoutez! Au castel d'où peut venir ce bruit ?
Une voix,—un seul son,—un seul cri de souffrance,
Un seul cri — prolongé — pénétrant... et silence.
Rêvent-ils ? Ou vraiment l'auraient-ils entendu
Ce son qui les éveille en sursaut? Éperdu,
Chaque vassal debout, pâlit dans son audace ;
En désordre aussitôt, ils courent vers la place

Où, demandant secours, cette voix a crié ;
D'une main, des flambeaux allumés à moitié,
Et de l'autre une épée, ils entrent pêle-mêle
Et sans le ceinturon oublié dans leur zèle.

XIII

Étendu sur le marbre, et comme lui glacé,
Blanc comme le rayon sur son front abaissé,
La lame de son sabre à demi-dégaînée,
C'est Lara !... Mais la main ne tient plus la poignée.
Par une horreur sans nom, tout-à-coup accablé,
On sentait qu'en tombant il n'avait pas tremblé !
Le défi contractait son front pâle et farouche,
L'horreur, la soif du sang avaient ouvert sa bouche
Où l'on croyait entendre, interrompu soudain,
Le blasphème maudit d'un orgueil souverain !
Les yeux demi-fermés conservaient tout entière
L'expression fatale à Lara familière,
Ce regard acéré qu'a le gladiateur,
Mais fixe et plus affreux même dans sa torpeur.
On le lève, on l'emporte... Allons ! il vit encore !
Son visage bruni s'anime et se colore,
Sa lèvre devient rouge, et ses yeux indécis

Dans leur orbite enfin roulent moins obscurcis :
Par des tressaillements la vie alors s'annonce ;
Il a parlé! les mots que sa bouche prononce,
Distincts, mais étrangers, ne les éclairent pas;
Ce langage appartient à de lointains climats,
L'être auquel il s'adresse aurait su le comprendre,
Hélas ! il ne peut pas, il ne peut plus l'entendre !

XIV

Son page alors s'approche, et seul, de ces accents
Il paraît pénétrer le mystérieux sens.
L'on devine à son front, aux rougeurs de sa joue,
Que leur discours n'est pas de ceux que l'on avoue.
Du spasme de son maître il n'est pas étonné,
On le dirait du moins ; sur le chef incliné
Il parle, il lui répond dans ce secret langage
Et qui semble le sien. Aux doux mots de son page,
De son rêve accablant Lara sent moins le poids.
La vision terrible a fui; si toutefois
Un songe a terrassé ce cœur qui se relève,
Ce cœur qui pour souffrir n'a pas besoin d'un rêve !

XV

Rêve ou réalité, n'importe ! ce secret
Est scellé dans son sein. L'aurore reparaît :
Elle lui rend sa force et ranime son être ;
Lara n'a demandé ni médecin, ni prêtre,
Et ses actes bientôt, ainsi que ses discours,
Prouvent que l'habitude a retrouvé son cours.
Pas un souris de plus; son front n'est pas plus sombre;
Peut-être s'émeut-il à l'approche de l'ombre ;
Il reste impénétrable aux yeux des serviteurs :
Mais eux n'ont pas si vite oublié leurs terreurs !
Ils n'osent sortir seuls; depuis la nuit fatale
Ils évitent surtout la redoutable salle :
Le murmure des vents dans les plis des pennons,
Une porte qui s'ouvre et grince sur ses gonds,
Le bruit sinistre et sourd de la tapisserie,
Le froissement d'un pied sur le parquet qui crie,
Les arbres d'alentour, projetant sur les murs,
De leurs flottants sommets les fantômes obscurs,
De la chauve-souris les ailes fantastiques,
Le sifflement du soir sous les voûtes gothiques,
Tout les fait frissonner, lorsque des vieilles tours
La nuit en s'abaissant efface les contours.

XVI

Vain effroi, cependant! cette scène inconnue,
Cette nuit de terreur n'est jamais revenue.
Lara feint un oubli qu'on ne peut pénétrer;
Il surprend ses vassaux, mais sans les rassurer :
Sa raison de retour, maîtrisant sa mémoire,
En chassa-t-elle un rêve?... On incline à le croire,
Car ni mot, ni regard, ni geste, n'ont trahi
Cette crise d'un cœur par la fièvre envahi.
Ces terribles accents sortaient-ils de sa bouche?...
A-t-il jeté ce cri qui soudain sur leur couche
Les fit bondir? Enfin, est-ce lui qu'ils ont vu
Oppressé, défaillant, sous un spasme imprévu?
Lui! dont l'œil entr'ouvert les glaça d'épouvante!
Quoi! lorsque de ce temps la mémoire est vivante,
Lui seul semble oublier! Ah! ce silence au fond
Peut-être accuse-t-il un souvenir profond,
Ineffable, fixé dans l'âme qu'il torture,
Dissimulant la cause et montrant la blessure?...
Non! Lara dans son sein engloutit ses secrets;
Nul œil de ses pensers ne suivra les progrès,
Nul mot ne les rendra! la pensée indocile
Briserait de leurs sons l'enveloppe fragile!

6.

XVII

Mélange inexplicable et de bien et de mal,
Il semblait à la fois sympathique et fatal.
Quel qu'il fût, néanmoins, le blâme et la louange
S'irritaient au sujet de ce mortel étrange!
Son silence excitait le discours; le désir
D'épier le Protée, afin de le saisir.
De ses actes passés, ni trace, ni symptôme.
Quel est cet étranger, paru comme un fantôme?
On ne savait de lui que ses nobles ayeux;
Un misanthrope?... non! on l'avait vu joyeux.
On avouait pourtant qu'une étude attentive
Sentait sous cette joie une haine captive,
Qui découvrait soudain, par un rire moqueur,
L'intervalle effrayant de sa lèvre à son cœur.
Ses yeux ne riaient pas; dans leur calme terrible
Surprena't-on l'éclair d'une âme assez sensible,
Son orgueil révolté réprimait durement,
Comme indigne de lui, ce premier mouvement.
Dédaigneux d'inspirer une moitié d'estime,
Il rentrait plus farouche au fond de son abîme;
Pénitence d'un cœur, de lui-même alarmé,
Et qui devait haïr pour avoir trop aimé!...

XVIII

Comme si des malheurs il eût subi le pire,
Il vivait en mépris de tout ce qui respire ;
C'était un étranger sur cette terre errant,
Un esprit foudroyé d'un monde différent ;
Un être aux rêves noirs, que le hasard propice
Préservait des dangers créés par son caprice,
Mais dont il n'emportait qu'un souvenir secret
Qui fermentait, mêlé d'ivresse et de regret.
Doué d'un large cœur, d'un trésor de tendresse
Sans égal ici-bas, sa bouillante jeunesse,
En poursuivant le bien, dans sa témérité,
Dépassa l'horizon de la réalité ;
De son âge viril elle enfanta l'orage.
De nobles facultés pleurant l'indigne usage,
Et sa jeune vigueur, hélas! et tant de jours
Dépensés vers un but qui le trompait toujours ;
Après tant de douleurs, de ruines précoces,
Tristement dégrisé de passions féroces,
Dans ses bons sentiments saignant et convulsif,
Sur l'orageux passé Lara flottait pensif !
Trop fier pour s'accuser, il blâmait la nature,

La chair, cette prison ! des vers cette pâture !

Il ne distingua plus le bien du mal : enfin,

La volonté pour lui, s'appela le destin.

Trop haut pour se complaire au vulgaire égoïsme,

Son dévoûment parfois touchait à l'héroïsme,

Mais dans un but pervers et voilé de pitié,

L'orgueilleux à lui seul avait sacrifié !

Tout ce qu'un autre eût craint de tenter à sa place,

Par la présomption excitait son audace !

Farouche d'un niveau, ce même orgueil fatal

Au jour du tentateur l'entraînait vers le mal :

Humilié d'être homme, il mettait son génie

A briser à tout prix ce sceau d'ignominie ;

Roi de sa solitude, il voyait à ses pieds

Du monde loin de lui fuir les flots variés,

Son sang coulait plus calme ; heureux si dans sa source

Le crime agitateur n'en eût hâté la course !

A la fois sain d'esprit et de cœur insensé,

Comme un autre il vivait sous son masque baissé :

Rarement luttait-il contre une raison sage,

Et ses discours passaient sans exciter d'orage.

XIX

Sous ces dehors glacés qui bravent le regard,
Cet air indifférent par nature ou par art,
Lara laisse dans l'âme une profonde empreinte :
Laquelle ? Ni l'horreur, ni l'amour, ni la crainte ;
Un sentiment sans nom... Son mot le plus léger
Dans les échos du cœur descend se prolonger :
Il y reste à jamais ! En vain l'esprit secoue
Les mobiles anneaux que ce serpent y noue,
Funeste ou séduisant, il le tient prisonnier !
Quiconque voit Lara ne peut plus l'oublier.
Il pénètre chacun, lui-même impénétrable.
Vous portez son reflet dans l'âme, inévitable !
Ce magique génie a su vous maîtriser
Dans un réseau moral impossible à briser.

XX

Othon donne une fête, et la haute noblesse,
Dames et cavaliers, vers son castel s'empresse ;
On remarque Lara parmi les invités.
La salle resplendit de joie et de clartés ;
Au luxe des banquets a succédé la danse ;

La légère musique avec grâce y balance
De charmantes beautés les cortéges en fleurs :
Heureux ces blanches mains et tous ces jeunes cœurs
Qu'en groupe harmonieux unit la sympathie !
Cet aspect, des vieillards dégèle l'apathie ;
Le souci se déride... on ne se souvient pas
Que ces instants dorés s'écoulent ici-bas.

XXI

Et Lara (mentait-il ?), souriant et tranquille ,
Admirait les beautés qui de leur pied agile
Frappaient trop doucement l'écho pour l'éveiller.
Les bras croisés, debout contre un large pilier,
Il n'a pas remarqué cet œil fixe et sévère.
Son orgueil n'admet point ces regards, d'ordinaire !
Il l'aperçoit, enfin !... Cet homme est inconnu ;
Son œil, sur Lara seul, s'est toujours maintenu ;
Inquisiteur et sombre, étranger d'apparence ,
Sans doute , dès longtemps il l'observe en silence ;
Lara l'a regardé ; muets et curieux ,
Le comte et l'étranger se mesurent des yeux.
Je ne sais quel soupçon se glisse dans son âme,
Mais bientôt du premier la prunelle s'enflamme,

L'impassible inconnu l'examine... Ses traits
Sombres et sérieux sont chargés de secrets.

XXII

« C'est lui ! » dit-il enfin. Bientôt cette parole
Répétée à mi-voix, de bouche en bouche vole.
« Qui ? lui ? » demande-t-on ? Aussitôt ravivés,
Ces mots jusqu'à Lara sont trop vite arrivés.
Immobile, on ne voit s'altérer son visage,
Ni sous ce long regard, ni devant cet orage;
Sa première surprise a disparu; son œil
Se promène alentour, sans peur et sans orgueil.
Le même observateur l'examine et l'épie :
Puis, rapproché soudain, tout-à-coup il s'écrie
D'un ton fier et railleur :« Oui, c'est lui! c'est bien lui!
« Comment est-il ici? qu'y fait-il aujourd'hui? »

XXIII

Ces mots, à haute voix l'étranger les prononce.
C'en est trop ! Lara sent qu'il faut une réponse.
Le sourcil froncé, calme, et ferme de maintien :
« Lara, voilà mon nom ! quand je saurai le tien,

» Chevalier curieux ! d'une façon plus digne

» Je récompenserai ta courtoisie insigne !

» Mais de plus longs discours, ici, sont superflus;

» Je m'appelle Lara, que te faut-il de plus ?...

» Sache-le ! je n'élude, inquisiteur tenace,

» Aucune question; et je regarde en face !

— » Aucune question? Mais il en est pourtant

» Que ton oreille évite et que ton cœur entend.

» Et moi, me connais-tu ? Regarde !... Puis-je croire

» Que de ta dette ainsi s'efface la mémoire ?...

» Le passé te poursuit, terrible créancier !

» Va ! va ! l'Éternité te défend d'oublier ! »

D'un regard lent, aigu, Lara le considère...

Feinte ou réalité, ce visage sévère

Lui paraît inconnu; sa tête avec dédain

S'agite, et, reprenant un silence hautain,

Il s'éloigne déjà; mais l'étranger : « Demeure;

» Moi, je te somme ici de répondre sur l'heure.

» Noble, si tu l'étais, je marche ton égal !

» Pas de sourcil froncé, ton sourire est fatal,

» Je le connais à fond, Seigneur, et m'en défie;

» Mais ton air menaçant, mon mépris le défie,

» N'es-tu pas ?...

                    — » Eh qu'importe ! Un tel accusateur,

» D'une réponse ici mérite peu l'honneur.

» Ce conte ténébreux est amusant sans doute;

» Loin de moi, va chercher un autre qui l'écoute :

» Qu'Othon fête à loisir un hôte si courtois,

» Je l'en remercîrai moi-même une autre fois... »

Othon s'avance alors : — « Dans ces moments de fête,

» Quelle qu'en soit l'issue ou la cause secrète,

» Cessez cette querelle, et toi, sir Ezzelin,

» Remets, contre Lara, tes griefs à demain.

» Ailleurs, ou dans ces lieux même, si bon vous semble,

» Je me fais ton garant, vous réglerez ensemble.

» De loin, comme Lara, récemment revenu,

» Malgré ton long exil, tu n'es pas inconnu;

» Si ce noble seigneur, et j'en ai l'assurance,

» Sait porter dignement le poids de sa naissance,

» S'il ne veut démentir la race des Lara,

» Compte qu'en chevalier demain il répondra.

— » Eh bien! dit Ezzelin, j'accepte cette épreuve.

» Que de sa bonne foi chacun donne la preuve :

» Je n'affirmerai rien que de vrai, de réel;

» J'en jure par mon glaive et sur ma part du ciel! »

Et que répond Lara? Son âme se replie

Silencieuse au fond d'elle-même; il oublie

Tous ces mille regards qui s'attachent sur lui;

Les siens errent distraits ; son esprit s'est enfui
Ailleurs, ah ! loin, bien loin ! et cet oubli du monde
N'a que trop révélé sa mémoire profonde !

XXIV

« Eh bien ! donc, à demain ! » C'est tout ce qu'il répond :
Aucun signe inquiet ne paraît sur son front ;
La colère en ses yeux ne darde pas la flamme,
Mais au ton de sa voix on comprend que son âme
A pris, dès ce moment, un parti résolu,
Bien que couvert encor d'un secret absolu.
Il saisit son manteau, s'incline ; quand il passe
Devant sir Ezzelin, dont le regard menace,
Son sourire réplique à ce sombre coup-d'œil ;
Cet éclair ne vient pas de plaisir ou d'orgueil,
Ni du dédain railleur que le courroux sait feindre
Quand le cœur éclaté ne peut plus se contraindre,
Signe de sa puissance et de sa volonté,
Ce sourire, au malheur est un défi jeté.
Cette fermeté calme, au fond indique-t-elle
Une âme noble et pure, ou froide et criminelle ?
On ne sait, puisqu'au crime, ou l'habitude ou l'art,
Ainsi qu'à la vertu prête un ferme regard.

Pour démêler le faux du vrai, pas de symptôme;
Seules les actions démasquent le fantôme.

XXV

Lara mande son page et sort; ce serviteur
Obéit d'un seul mot, d'un geste, à son seigneur.
Lui seul, il l'a suivi du sein de la contrée
Où des feux du soleil l'âme semble dorée;
Il a quitté pour lui ce rivage natal.
Calme et jeune à la fois, discret comme un vassal,
Attentif et fidèle à son devoir, ce page
Possède un dévoûment au-dessus de son âge.
Bien qu'il n'ignore point la langue de Lara,
Rarement avec lui ce chef s'en servira.
Entend-il le parler de sa chère patrie,
Il accourt, il répond; sa mémoire attendrie,
Dans ces sacrés accents, revoit, ressuscités,
Les parents, les amis, les monts qu'il a quittés,
Abjurés pour un seul! C'est son ami, son guide,
Son pays, sa famille. Ah! sur ce sol perfide,
N'ayant plus désormais que Lara pour appui,
Comment donc s'étonner s'il reste auprès de lui.

XXVI

Svelte, aux traits délicats, le ciel de son enfance
A d'un rayon de feu bruni leur transparence ;
Mais il a de sa joue épargné la blancheur,
Qui s'anime parfois d'une brusque rougeur ;
Non de ce coloris où la santé respire,
Où, pur et satisfait, le cœur semble sourire ;
C'est le fébrile éclair d'un mal mystérieux.
Une flamme sauvage éclate dans ses yeux,
Et le sombre rideau de leurs longs cils d'ébène
Leur donne un air rêveur qui les tempère à peine.
Sous ce voile entr'ouvert, son regard inspiré,
D'un idée électrique étincelle, éclairé ;
On y lit plus d'orgueil que de mélancolie ;
S'il souffre, sa douleur en elle se replie.
Indocile à son âge, il ne partage pas
D'espiègles compagnons les tours et les ébats ;
Il passe quelquefois des heures tout entières
Sur le front de son maître attachant ses paupières ;
Sauvage promeneur, s'il le quitte un moment,
Il n'interroge pas, et répond froidement.
Livre étranger, repos près de l'onde ou du hêtre,

Voilà ses seuls plaisirs. De même que son maître,
Impatient de l'homme, il semble vivre à part
De ce qui fait briller le cœur ou le regard,
Et n'avoir comme lui reçu de cette terre
Qu'un seul présent! celui de l'existence amère...

XXVII

S'il aime, c'est Lara; mais il ne le fait voir
Qu'à force de respect et de zèle au devoir.
Attentif à son ordre, heureux s'il le devance,
Il veille ses désirs jusque dans son silence,
Et cependant en lui je ne sais quoi d'altier
Défend la réprimande ou le mot familier;
Il se montre au-dessus de son emploi servile;
Son air commande encor quand sa main est docile;
Il obéit au maître avec tant de plaisir,
Qu'il semble ne plier qu'à son propre désir!
Serviteur gratuit, il accorde la lyre,
Tient l'étrier, l'épée, ou le soir vient lui lire
Quelque vieille chronique en langage étranger:
Lorsqu'il s'est acquitté de ce devoir léger,
Il ne se mêle pas aux serviteurs du comte;
S'il leur parle parfois, c'est sans morgue et sans honte!

Sa naissance, son rang, sont au pied de Lara :
Jamais jusqu'aux vassaux il ne s'abaissera.
Son front brille en effet d'une haute lignée,
D'un reflet d'heureux jours ; sa main efféminée,
Blanche et douce, sa joue au contour velouté,
De celles d'une femme égalent la beauté ;
Mais la femme n'a pas ce regard plein d'audace,
Ce foyer de courroux qui s'échappe et menace
Même quand il se tait ! et qui semble en son sein
Allumé par les feux de son soleil lointain,
Peut-être trop brûlant pour sa frêle nature !
Il s'appelle Kaled ; cependant, l'on assure
Qu'il n'en est point ainsi. Chacun a le soupçon
Qu'en fuyant son pays il prit ce nouveau nom.
Hautement, en effet, si quelqu'un le prononce,
Le page indifférent demeure sans réponse,
Ou retourné soudain, semble se souvenir
Que ce nom désormais lui doit appartenir.
Mais si Lara l'appelle, alors les yeux, l'oreille,
La mémoire, le cœur, tout bondit et s'éveille !

XXVIII

Comme les conviés, lui-même il avait vu
Du comte et d'Ezzelin le conflit imprévu,
Mais lorsqu'il entendit la foule, en long murmure,
S'étonner qu'un Lara supportât cette injure,
Que son orgueil subît, trop lent à se venger,
Cet affront plus cruel partant d'un étranger,
Kaled pâlit... rougit; une sueur glacée
Mouilla son front, son cœur trembla de sa pensée!
Il est de ces desseins, des passions issus,
Qu'aveugle on doit oser, même à peine conçus!
Ah! quel que fût le sien, il lui ferma la lèvre,
Et rongea sourdement son cœur brûlé de fièvre!
Mais dès qu'il aperçut, souriant et hautain,
Lara, le front levé, passer près d'Ezzelin,
Il changea de visage. Au fond de ce sourire,
Mieux que les spectateurs, Kaled avait su lire;
Son souvenir, peut-être, invisible témoin,
Y reconnut son maître et le comprit de loin.
Il bondit près de lui; leur retraite rapide,
Dans la salle, après eux, laissa comme un grand vide!
De ce drame, soudain, acteur mystérieux,

Lara, de cette foule, attirait tous les yeux.

Aux lueurs des flambeaux, dès que sa sombre taille

Ne se projeta plus sur l'antique muraille,

Le cœur battit plus fort, de terreur soulevé.

Ainsi l'homme, suivi de ce qu'il a rêvé,

Du sommeil vainement repousse le mensonge;

Ce spectre de la nuit l'émeut, sûr que le songe

Le plus hideux, d'horreur et de difformité,

Est toujours le plus près de la réalité.

Tous deux ils sont partis. Ezzelin seul demeure

Pensif, impérieux. Avant qu'il soit une heure

Il se lève, et bientôt, serrant la main d'Othon,

Ezzelin, à son tour, a quitté le salon.

XXIX

C'en est fait, plus de bruits d'hôtes et de lumière;

Chacun a regagné la couche familière

Où le chagrin voudrait s'endormir, où s'endort

La joie!... où, fatigué de lui-même et du sort,

L'homme épuisé s'étend dans l'oubli de la vie!

Fiévreux espoir d'amour, tortures de l'envie,

Ruses, ambitions, tout s'est enseveli

Dans ce cercueil voilé des ailes de l'oubli.

Oui! cercueil! du sommeil c'est le nom véritable!
Sépulcre de la nuit! gouffre vaste! où coupable,
Innocent, faible, fort, vices comme vertus,
Sans défense et sans nom, sont ensemble abattus!
L'homme libre de lui, pendant cette minute,
Respire! A son réveil, contre la mort il lutte;
Il fuit, à la clarté de ses jours de douleurs,
Le dernier des sommeils, objet de ses terreurs;
Cependant, à ces maux ce sommeil qui l'enlève
Doit être le plus doux, puisqu'il n'a point de rêve!

CHANT DEUXIÈME.

I

L'ombre des nuits pâlit; le groupe des vapeurs
Aux rayons du matin s'envole des hauteurs;
Le monde à la clarté s'éveille; une autre aurore!
Sur le fleuve du temps, un flot de plus encore,
Un flot impétueux et qui conduit, hélas!
L'homme à bien peu de chose, ou du moins au trépas!
Mais comme du berceau la nature s'élance!
Le soleil brille aux cieux, sur le sol l'abondance;
La santé rit dans l'air, la fraîcheur au ruisseau,
La fleur dans le vallon ; regarde! que c'est beau!
Regarde, homme immortel, la scène se déploie!
Tu peux, l'œil enchanté, te dire dans ta joie :
Tout cela m'appartient! éphémère témoin,
Hâte-toi d'en jouir! Car le jour n'est pas loin
Où sur ce paradis le rideau va descendre :
Tu meurs! et pleure alors qui voudra sur ta cendre!

Ciel et terre pour toi n'auront pas un regret,
Une feuille, une nue, un murmure secret;
Mais les vers, dévorant ta dépouille d'argile,
Prépareront ton corps à devenir fertile.

II

L'aube n'est plus — midi. Par Othon appelés,
Voici dans son castel les seigneurs assemblés.
C'est l'heure où de Lara la noblesse outragée,
Doit subir une tache ou resplendir vengée.
Ezzelin a juré d'être franc et formel,
Et Lara de l'entendre à la face du ciel.
Pas d'Ezzelin encore ! Absence sans excuse :
On ne dort pas si tard alors que l'on accuse !

III

L'heure passe, et Lara, patient et hautain,
Attend avec froideur. Que fait donc Ezzelin?
L'heure passe, est passée! et bientôt l'on murmure;
Un nuage d'Othon assombrit la figure :
« Je connais mon ami, je crois à son serment;
» Ce preux réparera ce retard d'un moment.

» S'il est vivant encor, vous le verrez sur l'heure :

» Hier pour son sommeil il choisit la demeure

» Dont le fief de Lara du mien est séparé,

» Heureux si mon castel, d'un tel hôte honoré,

» Eût gardé son repos; mais, en pareille épreuve,

» Tout bon accusateur voulant fournir sa preuve,

» Il a dû s'éloigner : j'ai répondu de lui

» Et j'en réponds encor, mes seigneurs, aujourd'hui ;

» Si contre son honneur quelque soupçon s'éveille,

» Je suis sa caution; au besoin j'ai mon glaive! »

Il dit ; Lara répond : « Et moi je suis venu

» Entendre à ta requête un conteur inconnu ;

» De mon courroux, déjà, si je l'avais cru digne,

» J'eus d'un tel insensé puni l'audace insigne.

» Peut-être me vit-il sur ces rivages où...

» A quoi bon m'arrêter aux paroles d'un fou!

» Garant d'un étranger, ce faiseur d'épopée,

» Il me le faut ici! sur l'heure! ou ton épée! »

Othon jette son gant, et, fronçant le sourcil :

« En garde! Pour son hôte, Othon répond ainsi ! »

Prêt à donner la mort, à la subir lui-même,

Calme et pâle, Lara, dans ce moment suprême,

D'un bras insouciant, au glaive familier,

Dégaîne, résolu de ne pas épargner.

On s'empresse autour d'eux ; emporté par la rage,
Othon n'écoute rien, il s'élance, il outrage...
Il faut qu'il soit trempé, le fer qui soutiendra
Ces insultants défis en face de Lara.

IV

Et le combat fut court ; aveuglé de colère,
Othon offre son sein au bras de l'advérsaire ;
Blessé, mais non à mort, d'un coup inattendu :
« Demande-moi la vie ! » Il n'a pas répondu.
Peu s'en faut que jamais Othon ne se relève
Du parvis teint de sang où l'a jeté le glaive :
Le front de Lara luit des reflets de l'enfer ;
Plus féroce qu'en garde il agite son fer ;
Alors tout était art, compression pénible ;
Sa haine, libre enfin, se dilate terrible !
De sa lame altérée il menace à demi
Quiconque ose à ses coups ravir un ennemi :
Puis, sa fougue se calme et cède à la pensée ;
Il tient sur le blessé sa paupière fixée,
Comme s'il rougissait d'un combat où le sort
D'un ennemi vaincu lui refuse la mort,

Ou comme s'il cherchait, au fond de la blessure,
A quelle profondeur la mort eût été sûre.

V

Othon est relevé sanglant. Le médecin
Ordonne le silence autour du châtelain.
Dans un autre castel s'assemble la noblesse;
Mais qu'importe à Lara ce qui les intéresse?...
Sombre, d'un pas altier, d'un air plein de hauteur,
Ce vainqueur d'un combat dont lui-même est l'auteur,
Contre ses ennemis, insouciant d'audace,
Dans un muet courroux abandonne la place;
Bientôt vers ses donjons il s'élance à cheval,
Sans daigner regarder les tours de son rival.

VI

Mais qu'est-il devenu ce soudain météore
Qui menaçait au soir, pour s'éteindre à l'aurore?
Où donc cet Ezzelin? comme une vision
Apparu, disparu, sans explication!
On sait qu'il a quitté la fête à la nuit sombre,
Mais le chemin est court, battu de pas sans nombre;
Il n'a pu s'égarer, et cependant, chez lui,

Ses amis vainement le cherchent aujourd'hui.

Son coursier est oisif, sa chambre abandonnée ;

Vassaux, hôte, inquiets, plaignent sa destinée :

Peut-être est-il tombé sous le fer des bandits.

Les vallons sont fouillés, les bois approfondis,

Aucun indice ! rien ! de sang pas une goutte !

Pas un lambeau de mante aux ronces de la route !

Du meurtre délateur, pas de gazon froissé.

La victime, en mourant, sur la mousse eût laissé

De ses doigts convulsifs une sanglante empreinte !

On flotte tour à tour de l'espoir à la crainte ;

Dans le doute bientôt se glisse le soupçon,

Et de Lara tout bas on prononce le nom.

Équivoque seigneur, on pense, l'on suppose...

Paraît-il ? on se tait ; son aspect leur impose.

Éphémère silence ! à peine est-il absent,

On reprend l'hypothèse et l'histoire de sang.

VII

Le temps fuit, et d'Othon la blessure est guérie :

Mais son orgueil encor saigne en son âme aigrie.

Il hait, il est puissant ; Othon accueillera

Quiconque veut du mal au seigneur de Lara.

Devant les tribunaux il accuse le comte ;
Du destin d'Ezzelin il lui demande compte.
Chargé par ce dernier, quel autre eût eu besoin
D'éloigner à jamais cet unique témoin ?
Bientôt l'opinion, si sonore, et si creuse,
La foule, de soupçons, d'énigmes amoureuse,
Cet apparent dédain d'amour ou d'amitié,
Cette férocité qu'il trahit à moitié,
En accusation tout contre lui se lève !
Ce n'est point un guerrier ; d'où vient l'art de son glaive ?..
Ce mouvement terrible, il n'a point éclaté
D'un courroux né d'un mot, et d'un mot arrêté,
C'est le profond effet d'une âme sanguinaire
Dont jamais la pitié n'attendrit la colère ;
Mais où trop de succès, l'abus d'un long pouvoir,
Ont, sous les passions, étouffé le devoir !
Ainsi l'opinion autour de lui murmure,
Et le secret penchant de l'humaine nature
A soupçonner le mal sans base et sans raison,
A ces funestes bruits mêle encor son poison.
Contre Lara, bientôt, s'amasse une tempête
Qui n'est pas sans péril, même pour cette tête !
On veut que d'Ezzelin il explique le sort ;
Cet homme le poursuit toujours, vivant ou mort !

VIII

Ce pays contenait des mécontents sans nombre
Courbés sous des tyrans qu'ils maudissaient dans l'ombre ;
Ces despotes cruels façonnaient à plaisir
Leurs caprices en lois, en ordre leur désir.
Des guerres au dehors, les discordes civiles
Ouvraient aux passions mille routes faciles,
Et, flamme mal éteinte, un souffle eût réveillé
La guerre intérieure, aveugle et sans pitié.
Les seigneurs, dans leurs tours, étaient rois. En silence
Obéis, et haïs sous cette obéissance.
Lara, par héritage, avait reçu comme eux
Des fiefs, des cœurs aigris et des bras paresseux.
Mais, loin de son pays, il ne fut point complice
Des excès de ses pairs, ni de leur injustice :
Et, depuis son retour, plus heureux sous sa loi,
Ses vassaux chaque jour perdent de leur effroi.
S'ils tremblent, c'est pour lui ; leur opinion change.
Oui, ces nuits sans sommeil, et ce silence étrange,
Viennent d'un cœur malade, isolé dans son deuil :
D'ailleurs, de son castel bienveillant est le seuil.
Hautain avec les grands, de l'humble il se rapproche ;

Son toit offre un asile et jamais un reproche :
S'il parle peu, le comte aux maux compâtira.
Ainsi, de jour en jour, des vassaux de Lara,
Depuis que d'Ezzelin on a perdu la trace,
Un œil observateur voit s'augmenter la masse.
D'Othon et de ses pairs prompt à se défier,
De ce moment surtout courtois, hospitalier,
Veut-il, leur vendant cher une tête importune,
Au peuple qu'il séduit confier sa fortune?
Est-ce un calcul? Eh! bien, il ne s'est pas trompé :
De ces nobles dehors le peuple fut frappé.
Le serf était heureux, le laboureur tranquille ;
A tous les exilés Lara donnait asile ;
Dans ses fiefs, sur son or, l'avare en cheveux gris,
Pouvait vivre sans peur, le pauvre sans mépris :
Par les fêtes, l'espoir, la jeunesse ingénue,
D'invisibles liens s'y sentait retenue ;
A la haine, grondant d'une sourde fureur,
D'une proche vengeance il offrait la saveur :
A l'amour dédaigné par le rang, la naissance,
Il montrait la victoire effaçant la distance.
Maintenant tout est mûr, et Lara n'attend plus
Qu'un prétexte à briser des fers déjà rompus :
Le moment est venu ; lentement préparée,

Othon croit désormais sa vengeance assurée,
Mais ses sommations trouvent le criminel
Par des milliers de bras gardé dans son castel !
De ses fers féodaux cette foule élargie,
Ces serfs, comptent sur Dieu! la terre, on la défie!
Affranchis du matin, s'ils bêchent de nouveau,
De leurs vieux oppresseurs ce sera le tombeau !
C'est là leur cri de guerre! il faut à la justice
Comme à l'iniquité son mot d'ordre propice
Au choix! religion, vengeance, liberté,
Dans le sang un seul mot plonge l'humanité !
Par la ruse tissue, il suffit d'une phrase
Pour que le genre humain se courrouce et s'embrase,
Qu'il couronne le crime, étonné d'être absous,
Et que dupe orgueilleuse il engraisse les loups !

                         IX

Sous un monarque enfin qui gouvernait à peine,
Odieuse au pays, la noblesse était reine ;
Le noble était haï, le prince dédaigné :
L'heure des factieux avait enfin sonné ;
Ils n'attendaient qu'un chef en ce moment suprême:
Il se montre ! A leur cause intéressé lui-même,

Forcé pour sa défense à des combats nouveaux,
Par un secret motif, proscrit par ses égaux,
De sa vie avec soin dissimulant l'histoire,
Lara, depuis le soir, de funeste mémoire,
Menacé par ses pairs, mais du peuple entouré,
A les heurter de front s'était donc préparé,
Et dépistait, couvert par la cause commune,
Sur ses actes passés une enquête importune.
Guerre donc! et d'ailleurs, y dût-il succomber,
Le jour est loin encor qui le verra tomber.
L'orage fatigué qui dans ce cœur sommeille,
Par le sort défié, brusquement se réveille,
Il bondit du repos de sa froide prison,
Tout prêt à parcourir son fatal horizon.
Lara se reconnaît dans sa force et sa haine!
C'est bien lui! seulement il a changé de scène:
Joueur désespéré, que perdra-t-il au jeu?
Ou la vie ou la gloire? il les estime peu.
Quant à ses ennemis, il mourrait avec joie,
Pourvu qu'en l'écrasant sa chute les foudroie!
Pour châtier les grands, de l'humble il a fait choix,
Mais il se rit au fond du peuple et de ses droits.
Dans son antre dormait le tigre solitaire;
L'homme avec le destin lui déclare la guerre,

Il connaît ces chasseurs, et leur résistera ;
On ne le prendra point au piége, on le tuera !
Sévère spectateur, muet et sans envie,
Il regardait de loin la scène de la vie ;
Ramené dans la lice, il s'y redresse altier !
Gestes, démarche, voix, trahissent le guerrier :
La nature féroce, et ses yeux, son visage,
Ont du gladiateur l'expression sauvage.

X

Je ne redirai pas les fêtes du vautour,
Les combats isolés, le destin, tour à tour
Propice aux deux partis, dans ce jeu des batailles,
Les flots de sang versé, la chute des murailles,
Le fort victorieux et le faible égorgé,
Tous les maux de la guerre, accessoire obligé.
Filles des passions, à leur frein échappées,
Cette lutte enleva tout remords aux épées.
Maîtrisé par sa haine, ivre, chaque parti
Ne se croyait vainqueur qu'il n'eût anéanti !
Et nul ne se rendait. Chacun savait d'avance
Que l'on n'écoutait plus la voix de la clémence ;
Le glaive était au vent et bien loin le fourreau !

La famine changeait le pays en tombeau ;
Les flammes du brandon se propageaient rapides,
Le carnage riait sur des monceaux livides.

XI

Fort d'un premier élan de haine et de fureur,
Le parti de Lara fut d'abord le vainqueur ;
Succès pernicieux qui causa sa ruine !
Ses soldats n'ont bientôt ni rang, ni discipline ;
Leur courage sans ordre enfonce l'ennemi,
Mais vaincre sans garder n'est que vaincre à demi.
Le pillage, à leur rage une vengeance offerte,
De ces bandits rompus précipitent la perte ;
Le chef fait ce qu'il peut ; mais il s'efforce en vain
D'arrêter l'incendie allumé par sa main !
Seul l'habile ennemi leur oppose des digues ;
Embuscades de nuit, fausses fuites, fatigues,
Longs délais du combat, convois de vivres pris,
Sous un humide ciel campements sans abris,
Murailles qui lassaient le bélier, la colère :
Ils n'avaient point compté sur une telle guerre !
Égaux aux vétérans, dans un jour de combat,
De leurs privations la longueur les abat.

Ah! plutôt mille morts dans l'ardente mêlée!
Par la fièvre, la faim, leur troupe désolée
S'éclaircit; du succès déjà l'enivrement
Se dissipe et fait place au découragement:
Seul, Lara reste ferme eń la terreur commune;
Quelques soldats encor soutiennent sa fortune :
Peu nombreux, il est vrai, mais fiers, déterminés,
A leurs propres dépens enfin disciplinés!

Ils n'ont plus qu'un espoir! on touche à la frontière,
Contre leur ennemi c'est l'unique barrière;
Il faut en profiter! C'est là qu'ils porteront
D'exilés, de proscrits, la douleur et l'affront.
Il est dur de quitter le sol de ses ancêtres,
Mais moins que de périr ou de subir des maîtres!

XII

C'est dit. Ils ont marché, d'accord avec la nuit;
Point de torches, la lune à leur but les conduit;
Déjà l'on aperçoit sa lumière endormie
Sur le fleuve argenté de la frontière amie,
Déjà... halte! qui vive! est-ce bien là le bord?...
Arrière! des soldats en garnissent l'abord!
Fuir ou se retirer? La retraite est coupée!

Ils ont à dos.d'Othon la bannière et l'épée!
Ces feux sur les hauteurs, s'ils sont dus aux bergers,
D'une fuite tardive éclairent les dangers.
Traqués, désespérés, ils vendront cher leurs têtes!
Moins de sang a payé de plus riches conquêtes!

XIII

On s'arrête un moment; — le temps de respirer.
Faut-il fondre sur eux ou bien se concentrer?
N'importe! cependant, une nerveuse charge
Peut ouvrir dans leurs rangs une route assez large
Pour que plus d'un guerrier, aidé par le destin,
Franchisse en la coupant cette ligne d'airain.
« Eh bien! donc l attaquons! l'attente est lâche et vaine! »
Le cavalier saisit et le sabre et la rêne;
Le glaive impatient a presque devancé
Le mot d'ordre du chef; une fois prononcé,
De combien de guerriers ce signal des batailles
Va-t-il, à leur insu, sonner les funérailles!

XIV

Il tire son épée, et d'un air qui fait voir
Que son calme n'est pas celui du désespoir,

Au plus brave soldat, doué d'un cœur sensible,
Cette tranquillité doit même être impossible !
Il regarde Kaled, toujours à son côté ;
Kaled, audacieux de sa fidélité !
Aux rayons de la lune elle est peut-être due,
Cette morne pâleur à ses traits répandue,
Ou cette teinte étrange explique de son cœur
L'ardente loyauté, plutôt que la terreur.
Lara lui prend la main ; cette main est tranquille ;
A peine son sein bat, sa lèvre est immobile :
Son œil seul proclamait : «Tombe ou meurs en ce lieu !
» Adieu soit à la vie ! à toi, jamais adieu ! »
Lara crie en avant ! et sa troupe réduite,
Dans les rangs ennemis en bloc se précipite ;
L'éperon disparaît dans les flancs du coursier,
Le sabre étincelant tonne sur le cimier :
Inférieurs en nombre, et non pas en courage,
A la froide bravoure ils opposent la rage ;
Le sang se mêle aux flots, et jusqu'au jour naissant,
Le fleuve a conservé cette teinte de sang.

XV

Ame de ses soldats, Lara se multiplie ;
Il commande, il résiste, il attaque, il rallie !

Son glaive ardent, sa voix, ses regards résolus,
Inspirent un espoir que lui-même il n'a plus...
Il faut vaincre ou mourir! La fuite est impossible!
Le courage hésitant se redresse terrible,
Et retrouve Lara, qui, des yeux et du fer,
Repousse ou fait tomber l'ennemi le plus fier.
Entouré maintenant et presque seul, n'importe!
Il sème au loin la mort, ranime sa cohorte;
Enfin il a cru voir son ennemi plier!
Il agite sa main, il... Pourquoi ce cimier
Baisse-t-il son panache?... habilement tirée,
Dans le sein du guerrier une flèche est entrée,
Car il s'est découvert en élevant la main,
Et la mort a frappé sous ce geste hautain!
Et son cri de triomphe expire dans la tombe!...
Et comme cette main, impuissante, retombe!
D'instinct elle retient le glaive familier,
L'autre laisse échapper les rênes du coursier;
Kaled les prend; sans force, incliné sur sa selle,
Le blessé n'a pas vu que son page fidèle
L'éloigne d'un combat où fous, aveugles, sourds,
Sans s'occuper des morts, les siens chargent toujours.

XVI

L'aube luit sur du sang, des morts, de la poussière,
Des boucliers brisés, des têtes sans visière ;
Privé du cavalier, le cheval qui se tord,
Rompt sa sangle rougie et meurt en cet effort :
Plus loin, l'ardent talon, la main qui tint la bride,
Bougent, encor vivants, sur le gazon humide.
Quelques preux sont couchés trop près de ce torrent
Dont l'eau semble railler la lèvre du mourant.
Vainement cette soif qui brûle les entrailles,
Cette féroce soif de la mort des batailles,
D'une lèvre enflammée invoque avec transport
Rien qu'une goutte d'eau pour rafraîchir la mort,
De leurs doigts convulsifs, grattant la rouge plaine,
Vers la rive du fleuve ils rampent avec peine,
Moribonds, épuisés, ils l'atteignent enfin !
Ils s'y penchent, vont boire... et s'arrêtent soudain.
Plus de soif, désormais ! son horrible agonie
N'a plus besoin de flots, car l'oubli l'a finie.

XVII

Auteur de ce combat, au loin, sous un tilleul,
Un guerrier vit encor, mais promis au linceul.
C'est Lara. Comme il saigne et s'affaisse ! Livide,
Son suivant d'autrefois, maintenant son seul guide,
Sur sa poitrine ouverte incliné, frémissant,
Cherche avec son écharpe à comprimer le sang ;
Chaque convulsion, en dépit de son zèle,
En fait jaillir un flot plus noir et plus rebelle,
Jusqu'à ce que du sein, déjà plus oppressé,
Non moins fatal, il sort goutte à goutte versé.
A peine il peut parler ; il fait signe à son page
Que de ses vains efforts il souffre davantage,
Et, lui prenant la main, il sourit à demi,
Comme s'il rendait grâce aux soins de son ami.
Mais Kaled, absorbé dans sa douleur muette,
Ne contemple, ne sent que cette pâle tête,
Ce front sur ces genoux, ces yeux déjà plus lourds,
Mais où rayonne encor le soleil de ses jours !

XVIII

Arrivent les vainqueurs : ils ont fouillé la plaine ;
Si Lara ne se rend, cette journée est vaine !
Ils voudraient l'emporter, ils sont venus trop tard.
Lara lève sur eux un calme et fier regard.
Des haines des vivants, quand la mort le délie,
Il semble avec le sort qu'il se réconcilie.
Othon bientôt accourt, et, sautant de cheval,
Il regarde saigner son terrible rival !
Il le plaint; mais Lara ne lui jette en silence
Qu'un coup-d'œil sans mémoire et plein d'indifférence ;
Puis, tourné vers Kaled, il lui parle tout bas
Ce langage étranger qu'ils ne comprennent pas,
Auquel un long passé, qu'eux seuls peuvent connaître,
Rattache obstinément et le page et le maître.
Dans le cercle étonné de ces muets témoins
Le page lui répond, mais plus bas, néanmoins,
Sur quoi? Lui seul le sait ! Par un charme suprême
Ils semblent oublier le présent, la mort même,
Afin de partager un destin isolé
Pour tous, hormis pour eux, de ténèbres voilé.

XIX

Bientôt leur entretien n'est plus qu'un long murmure ;
Leur accent ému, seul en trahit la nature :
Kaled, plus que Lara, semble près de la mort,
Tant les mots sourds, brisés sortent avec effort,
Mêlés à ses soupirs, de sa lèvre pâlie !
Mais la voix de Lara, calme, bien qu'affaiblie,
Conserva jusqu'au bout son timbre familier,
Jusqu'à ce que le râle obstruât son gosier ;
En vain épia-t-on son cœur sur son visage
Impénitent et froid, si ce n'est pour le page,
Qu'en dépit de la mort, le guerrier pâlissant
Tenait enveloppé d'un regard caressant !
Et tandis que Kaled restait muet encore ,
Lara leva la main du côté de l'aurore ;
Était-ce par hasard ? D'un matin radieux
Le soleil triomphant attirait-il ses yeux ?
Ou bien le souvenir d'images effacées
Levait-il cette main vers des scènes passées ?
Kaled le comprit-il ?... On le vit à son tour,
Par l'aurore blessé, se détourner du jour,
Et concentrer dès-lors son regard fixe et sombre

Sur le front de son maître, où tout devenait ombre !
Plût au ciel que cette ombre eût voilé son esprit !
Mais non, au saint Rosaire, à la Croix il sourit...
Dieu le prenne en pitié, si c'était d'ironie !
Comme si leur aspect doublait son agonie,
Sans lever de Lara son œil désespéré,
Kaled, muet, farouche, et le geste acéré,
Kaled a repoussé ces signes de clémence !
Ignorant que la vie à la tombe commence,
Et qu'il faut croire au Christ d'un cœur ferme et soumis
En son éternité si 'on veut être admis.

XX

Mais le guerrier blessé profondément soupire ;
De ses yeux plus vitreux la clarté se retire,
Une secousse étend ses membres convulsifs,
Son front retombe et pend sur ces genoux chétifs
Qui ne se lassent point à porter cette tête !
Du page sur son cœur la main tremble inquiète ;
Ah ! ce cœur ne bat plus ! Kaled, obstinément,
Sous cette froide étreinte implore un mouvement...
Il se tait. Non, il bat ! Pauvre rêveur, arrière !
Ne cherche plus Lara ! Regarde sa poussière !

XXI

Penché sur ce sein vide, il lui semblait encor
Que l'esprit orgueilleux n'avait pas pris l'essor!
Et même en l'écartant de cette triste argile,
On n'en put déchirer son regard immobile!
Lorsqu'il vit, sur le sol, de ses bras délacés
Glisser ce front, ce corps qu'ils avaient embrassés,
Kaled ne bondit pas; sa jalouse tendresse
A ces beaux cheveux noirs n'enleva point de tresse:
Il se raidit, trembla, puis pâle, inanimé,
Tomba près de celui qu'il avait tant aimé!
Il?... non! non! de quel homme oserait-on attendre
Cette chaleur de cœur, ce dévoûment si tendre?
Cette minute affreuse a soudain révélé
Un secret dès longtemps à demi dévoilé :
En redonnant le souffle à sa poitrine nue,
Dans le page expirant la femme est reconnue:
Kaled r'ouvre les yeux, et se voit sans rougeur,
Que lui font maintenant son sexe et son honneur?

XXII

Et Lara ne gît point où repose son père !
Mais il porte en ce lieu le même poids de terre !
Sans prêtre à son tombeau, sans pompeux monument,
Il y dort néanmoins aussi profondément,
Pleuré par un regret moins bruyant, et peut-être
Plus réel que celui d'un peuple pour son maître.
De silence et de nuit Kaled s'enveloppa :
Menaces, questions, rien ne les dissipa !
Jamais un souvenir ne trahit sur sa bouche
Ce qu'elle avait quitté pour ce guerrier farouche !
Comment put-elle aimer ?... Fou curieux ! tais-toi !
L'amour, de la raison reconnaît-il la loi ?
Peut-être était-il bon pour elle loin du monde !
Dans ces rigides cœurs la tendresse est profonde.
Pour juger leur amour, tes regards sont trop bas,
Et tous tes sourieurs ne le comprendraient pas !
Par les nœuds inconnus d'une étrange harmonie,
Tête et cœur à Lara Kaled était unie.
Elle a dans sa douleur étouffé ses secrets,
Et ceux qui les savaient ne reviendront jamais.

XXIII.

L'on enterre Lara : mais outre la blessure
Qui calma par la mort cette sombre nature,
On trouva sur son sein, cicatrisé du temps,
Des atteintes du fer les signes éclatants.
N'importe où se passa l'été de ses années,
Ce fut dans un pays de guerres acharnées :
Son sang dut y couler. Où ? pourquoi ? Désormais
La même ombre engloutit sa gloire et ses forfaits.
Ezzelin, seul témoin, ne veut plus reparaître
Depuis l'étrange nuit... sa dernière, peut-être ?

XXIV

Or, cette même nuit, content les paysans,
A l'heure où de Phébé les rayons languissants
Se mêlaient aux vapeurs que l'aube fait éclore,
Un serf laborieux, debout avec l'aurore,
Pour gagner la forêt, traversait le vallon,
Qui des fiefs de Lara divise ceux d'Othon.
Soudain il s'arrêta, car des pas retentirent ;

Cheval et cavalier du fond du bois sortirent :
Ballotant sur la selle, il vit près du pommeau,
Comme un objet pesant entouré d'un manteau.
Penché, le cavalier dérobait son visage.
Cette apparition, dans cet endroit sauvage,
A cette heure insolite, étonna l'ouvrier ;
Il pressentit un crime et voulut l'épier.
Il vit le cavalier près du fleuve se rendre,
Soulever le fardeau de la selle, et le prendre,
Et le lancer au large, et d'un regard soudain,
Sonder autour de lui chaque pli du terrain,
Et bientôt sur les flots, ramenant sa paupière,
Surveiller pas à pas le cours de la rivière
Comme si son secret y surnageait. Alors
Il s'arrêta, frémit ; choisissant sur les bords,
Où la pluie et l'hiver les avaient rassemblées,
Les plus pesants débris des roches écroulées,
L'étranger avec soin se prit à les lancer.
Le serf, pendant ce temps, avait pu se glisser
A quelques pas de lui : là, témoin invisible,
Il aperçut sur l'eau quelque chose d'horrible...
Une poitrine d'homme !... et sur le vêtement
Un objet constellé briller confusément :

Il cherchait à mieux voir, quand une énorme pierre
Engloutit le cadavre au fond de la rivière.
Il remonta pourtant ; mais, déjà plus obscur,
D'une teinte de pourpre ensanglanta l'azur,
Et sombra. L'inconnu demeura sur la rive
Jusqu'au dernier frisson de l'onde fugitive ;
Puis, sautant à cheval, bientôt le cavalier
Disparut au galop de son fougueux coursier.
Son front portait un masque. En supposant un crime,
Le vassal ne put voir les traits de la victime.
S'il est vrai qu'une étoile éclatât sur son sein,
Du rang de chevalier c'est le signe. Ezzelin
Le portait la nuit même où... sous un piége infâme
Si ce preux succomba... Dieu veuille avoir son âme !
Il dort dans l'océan où le flot l'a porté,
Et Lara ?... que pour juge il ait la charité !

XXIV

Et Kaled — Ezzelin — Lara ?... dans les ténèbres !
Sur leur triple tombeau pas d'emblêmes funèbres.
A l'arbre teint de sang où son chef vint mourir,
Malgré tous les efforts, Kaled resta languir.

Son cœur, jadis si fier, plié par la souffrance,
S'il pleurait quelquefois, pleurait avec silence.
Des lieux où son amour s'obstinait à *le* voir,
Voulait-on l'arracher?... Alors quel désespoir!
Elle avait, reprenant la colère et la vie,
Les yeux d'une tigresse à ses petits ravie !
Et ses jours n'étaient plus que de longs entretiens
Avec ces visions, êtres aériens,
Que dans une âme en peine agite la folie ,
Doux et derniers amis de sa mélancolie !
Attentive, parfois, sur son genou tremblant,
Elle croyait du mort porter le front sanglant,
Et le regard plongé dans sa prunelle éteinte,
Sentir sa voix brisée et sa dernière étreinte.
De ses cheveux coupés, et cachés dans son sein,
Souvent elle essuyait tendrement le terrain,
Et pressant sur le sol sa noire chevelure,
Elle semblait d'une ombre étancher la blessure !
Cette ombre était sa vie !... Elle lui demandait
Mille choses tout bas... pour elle répondait,
Ou debout, par un bond, son regard et son geste
La suppliaient de fuir un fantôme funeste !
Et pâle, retombant sous ces rameaux chéris,
Elle cachait son front dans ses doigts amaigris,

Ou traçait sur le sol quelque bizarre emblème.
Cela ne put durer. Près de celui qu'elle aime
Elle dort. Son secret dans la tombe est scellé...
Mais le fidèle cœur s'est trop bien révélé!

FIN

ERRATA.

Page 61, vers 5, *au lieu* de :
> Non pas ce que suis, — mais que je fus jamais
> *Lisez :*
> Non pas ce que je suis, — mais que je fus jamais.

Page 61, vers 11,
> De rudesse en vers toi ; *lisez :* De rudesse envers toi.

Paris. — Imp. de Mme de Lacombe, rue d'Enghien, 14.

Ouvrages du même auteur :

LES NUITS RÊVEUSES

UN VOLUME IN-18.

SOUS PRESSE.

UN VOLUME DE POÉSIES.

PARIS. — IMPRIMERIE DE MADAME DE LACOMBE, 14, RUE D'ENGHIEN.